O que significa ser escolhido?

The CHOSEN

Estudo bíblico interativo

Temporada 1

O que significa ser **escolhido**?

Amanda Jenkins, Dallas Jenkins e Douglas S. Huffman

Thomas Nelson Brasil®

QUITANDA

As citações bíblicas são da Nova Versão Internacional (NVI), da Biblica, Inc., a menos que seja especificada uma outra versão da Bíblia Sagrada.

Produção editorial	Gisele Romão da Cruz
Tradução	Maria Emília de Oliveira
Preparação	Bruna Gomes
Revisão	Josemar de Souza Pinto
Adaptação de capa	Rafael Brum
diagramação	Patrícia Lino

Dados Internacionais de Catalogação na Publicação (CIP)
(BENITEZ Catalogação Ass. Editorial, MS, Brasil)

J52q
1. ed. Jenkins, Amanda
O que significa ser escolhido? : The Chosen, temporada 1 / Amanda Jenkins, Dallas Jenkins, Douglas S. Huffman ; tradução Maria Emilia de Oliveira. – 1.ed. – Rio de Janeiro : Thomas Nelson Brasil, 2025.

144 p.; 17 x 24 cm.

Título original: What does it mean to be Chosen?: The Chosen, season 1

ISBN 978-65-5217-142-9

1.Bíblia – Estudos. 2. Teologia cristã. 3. The Chosen (Série de televisão). I. Jenkins, Dallas. II. Huffman, Douglas S. III. Oliveira, Maria Emilia de IV. Título.

01-2025/82 CDD-230

Índice para catálogo sistemático:
1. The Chosen : Série de televisão : Cristianismo 230

Bibliotecária responsável:
Aline Graziele Benitez – Bibliotecária - CRB-1/3129

Rua da Quitanda, 86, sala 601A - Centro,
Rio de Janeiro/RJ - CEP 20091-005 - Tel.: (21) 3175-1030
www.thomasnelson.com.br

Editora Quitanda
Rua Padre Guido Del Toro 27, Sala 02 - Chácara Inglesa,
São Paulo/SP - CEP 05142-120 - Tel (11) 99518-4548
www.editoraquitanda.com

SUMÁRIO

PREFÁCIO

Acreditamos que este estudo bíblico é diferente de tudo o que você já viu. A maioria dos estudos que inclui conteúdo em vídeo baseia-se em ensinamentos centralizados em um tópico ou parte específica das Escrituras. Este estudo bíblico, contudo, foi elaborado para ser usado em conjunto com ***The Chosen*** [Os escolhidos], a inovadora série de televisão em ***streaming*** sobre a vida de Jesus. Cada apresentação funciona em conjunto com um episódio da série, dando uma nova vida ao Antigo e ao Novo Testamentos.

Para extrair o melhor da série e do conteúdo que selecionamos, temos algumas sugestões e algumas pessoas para você conhecer. Esses personagens serão nossos intermediadores, ajudando-nos a mergulhar na história de Jesus e a descobrir mais sobre nossas próprias histórias.

Mais novidades daqui a pouco.

A quem este estudo é dirigido?

A você.

E a nós.

Porque, quer você esteja apenas começando a trilhar o caminho de Jesus, quer o conheça há décadas, o fato de ser escolhido tem ramificações de longo alcance e aplicações infinitas — principalmente numa época em que as questões de identidade estão na linha de frente da cultura, e a insegurança, a confusão e o desejo de ter um propósito parecem reinar com autoridade suprema.

Como este estudo deve ser usado?

E/Ou

Este estudo foi elaborado para pequenos grupos que desejam conteúdo único e boa discussão, mas também funciona para estudo individual. Em ambos os casos, o episódio correspondente a cada lição deve ser visto ***antes*** de o material ser examinado.

Término da lição

Você terminará cada lição com um "Foco de oração" e também com sugestões para "Estudo adicional", que podem ser usados durante a semana para você aprofundar-se mais ainda nas Escrituras.

Perguntas para discussão

Cada lição apresenta dez perguntas que começam com um nível introdutório, que passa para um nível exploratório, para um nível de engajamento e para um nível de aplicação.

São muitos níveis.

Citações bíblicas

Os versículos bíblicos deste estudo são extraídos da Nova Versão Internacional. A NVI é uma tradução atualizada que se trata de uma fonte excelente para um estudo cuidadoso das palavras da Escritura. Contudo, seja qual for a versão bíblica que você usar, nós o encorajamos a obter um contexto mais amplo procurando na Bíblia os versículos recomendados.

Material útil para conhecer

Se houver uma abreviação, palavra ou expressão que você não entendeu, leia os textos nas margens onde explicamos nosso linguajar cristão.

Material útil para ver

Incluímos uma linha de tempo do Antigo Testamento e também alguns mapas para ajudá-lo a visualizar o quadro maior. Eles são realmente muito úteis.

Linha do tempo dos eventos bíblicos no contexto da história mundial

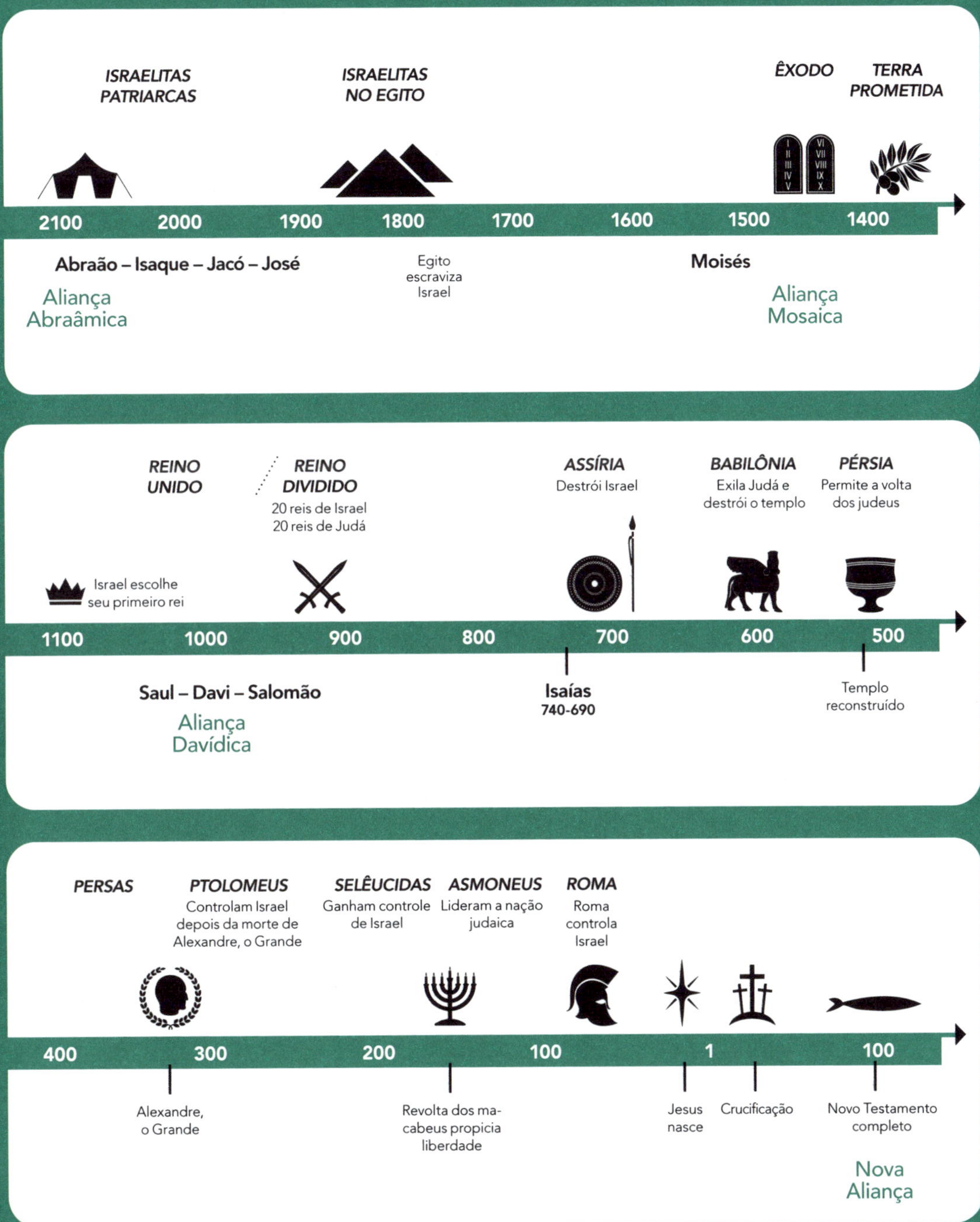

FENÍCIA
ARÃ
Dã
ASSÍRIA
Aser
Naftali
Manassés
Mar da Galileia
Zebulom
Issacar
Mar Mediterrâneo
Manassés
Rio Jordão
Gade
Efraim
AMOM
Dã
Benjamim
Rúbem
BABILÔNIA
Judá
FILÍSTIA
Mar Salgado
Simeão
EDOM
ISRAEL DO ANTIGO TESTAMENTO E REGIÃO
MOABE – nações estrangeiras
Rúbem – instalações das tribos de Israel
– divisão Norte/Sul em 930 a.C.
escala em milhas
0 5 10 15 20 25 30
EGITO
N
O
L
S

Sidom
ABILENE
Monte Hermom
FENÍCIA
Tiro
Cesareia de Filipe
Itureia
Traconite
Bataneia
Lago Hula
GALILEIA
GAULANITE
Ptolemaida
Cafarnaum
Caná da Galileia
Betsaida
Gerasa
Auranite
Mar Mediterrâneo
Monte Carmelo
Séforis
Tiberíades
Mar da Galileia
Nazaré
Monte Tabor
Gadara
Naim
DECÁPOLIS
Cesareia Marítma
Citópolis
Rio Jordão
Samaria
Gerasa
Monte Gerezim
Antipatride
PEREIA
SAMARIA
Jope
Filadélfia
Arimateia
Lida
Jericó
Jerusalém
Betânia
Medeba
Asdode
Belém
Qumran
Ascalom
JUDEIA
Maquero
Gaza
Hebrom
En-Gedi
Mar salgado
IDUMEIA
Massada
Berseba
Charachmoba
NABATEIA
NABATEIA
ISRAEL NA ÉPOCA DO NOVO TESTAMENTO
GALILEIA – regiões geopolíticas
Cesareia • – cidades
escala em milhas
0 5 10 15 20 25 30
N
O
L
S

CONHEÇA OS PERSONAGENS PRINCIPAIS

Maria Madalena

"[...] Maria, chamada Madalena, de quem haviam saído sete demônios."

Lucas 8:2

Com tantas mulheres na Bíblia chamadas Maria, esta foi destacada por ser natural de Magdala, uma das várias vilas de pescadores do mar da Galileia. O que o Novo Testamento nos informa sobre ela é que, antes de conhecer Jesus, ela era uma mulher atormentada, possuída de sete demônios. Nota lateral: o nome de Maria era "Lilith" no episódio 1, que deriva de uma palavra do antigo Oriente Médio para "demônios do sexo feminino" ou "espíritos do vento". Somente Jesus foi capaz de expulsá-los, e Maria de Magdala passou a ser uma de suas dedicadas seguidoras.

Em uma cultura que considerava as mulheres menos valiosas que os homens, Maria Madalena tornou-se um membro importante do grupo.

1. Ela fazia parte das discípulas que viajavam com Jesus e sustentavam financeiramente seu ministério (Lucas 8:1-3).
2. Ela estava presente na crucificação e no sepultamento de Jesus (Mateus 27:56-61).
3. Ela foi a primeira a ver o sepulcro vazio (João 20:1) e a encontrar o Jesus ressurreto (João 20:11-18; Mateus 28:1; Marcos 16:1-6).

E ela foi contar a notícia aos homens.

Nicodemos

"Havia um fariseu chamado Nicodemos, autoridade entre os judeus."

João 3:1

Nicodemos era um líder fariseu do judaísmo do primeiro século e membro do Sinédrio, o conselho dos principais líderes dos judeus (João 3:1). Como líder espiritual, ele exercia influência em todas as áreas da sociedade, uma vez que o sistema religioso de Israel determinava as leis da terra nos âmbitos político, cultural e social. Os fariseus eram muito respeitados, acreditavam teologicamente em Deus e em sua Palavra; em geral eram leigos dedicados a ter uma vida pura e a adorar na sinagoga local. Por outro lado, os sacerdotes ligados às práticas oficiais de adoração no templo de Jerusalém eram mais propensos a ser membros do partido dos saduceus e agiam em conluio com o domínio romano — o que explica por que Quintus (o líder romano fictício que interage com Nicodemos no episódio 1) comenta que os saduceus são inimigos dos fariseus (Atos 23:1-10).

Embora a maioria dos líderes religiosos negasse a afirmação de Jesus de que ele era o Filho de Deus, Nicodemos estava entre os poucos homens de influência que admitiam o que os milagres sobrenaturais e ensinamentos daquele homem significava: Jesus veio de Deus (João 3:2).

Havia diferentes facções dentro do judaísmo:

Fariseus: estudiosos que interpretavam a lei ao povo, acrescentada de tradições orais. Ligados às sinagogas locais e extremamente respeitados pelas camadas inferiores da sociedade. Acreditavam na ressurreição.

Saduceus: a aristocracia religiosa profissional ligada ao templo, dedicados somente à lei escrita. Submetiam-se ao governo romano com resignação. Não acreditavam na ressurreição.

Essênios: separatistas que viviam em várias comunidades concentradas na oração, na vida santa e no futuro. Não são diretamente mencionados no Novo Testamento.

Zelotes: ativistas políticos organizados para rebelar-se contra Roma e contra os líderes judeus que cooperavam com Roma.

Mateus

"Ao sair dali, Jesus viu um homem chamado Mateus, sentado na coletoria [...]."

Mateus 9:9

Mateus era também conhecido como Levi, seu nome hebreu (Marcos 2:14; Lucas 5:27). Ele cobrava impostos para o Império Romano, o que o tornou traidor de seus concidadãos judeus. Parecia indiferente ao sofrimento deles e também não se importava com seus relacionamentos e sua reputação.

A coletoria de Mateus localizava-se na cidade galileia de Cafarnaum, o local de nascimento do ministério de Jesus. Por ter ficado frente a frente com o pregador que realizava milagres, ele abandonou sua lealdade a Roma e sua apatia em relação aos outros. Em seguida, tornou-se um dos discípulos de Jesus, autor do primeiro livro do Novo Testamento e um fiel seguidor pelo resto de sua vida (Mateus 10:3).

Simão (também conhecido como Simão Pedro)

"Enquanto andava às margens do mar da Galileia, Jesus viu dois irmãos: Simão, chamado Pedro, e André. Eles estavam lançando redes ao mar, pois eram pescadores."

Mateus 4:18

Sabemos que Simão Pedro morava em Cafarnaum (Marcos 1:21-29), onde era pescador com seu irmão André (Mateus 4:18; Marcos 1:16), e que era casado (Mateus 8:14; Marcos 1:30; Lucas 4:38). Simão é descrito no Novo

Testamento como um homem excessivamente confiante, que parecia pensar que era importante perante os outros e, às vezes, falava irrefletidamente (Mateus 16:21-23; 26:31-35,69-75). De fato, o evangelho de Lucas comenta um desses momentos com esta observação após uma declaração feita por Simão: "sem saber o que dizia" (Lucas 9:33).

Ainda assim, Jesus chamou esse homem para segui-lo (Lucas 5:1-11) e foi paciente com ele (Lucas 22:31-32). Simão Pedro tornou-se líder importante entre os doze apóstolos (Atos 1—12), pregador fundamental da igreja primitiva (Mateus 16:18) e autor de dois livros do Novo Testamento (1 e 2Pedro). Ele curou enfermos e aleijados (Atos 5:15), e foi destemido até a morte (João 21:15-19).

Embora esteja intimamente ligada à série de televisão *The Chosen*, esperamos que nossa abordagem baseada em personagens neste estudo bíblico conduza os leitores a ter uma comunhão mais profunda com Jesus. Afinal, Jesus — aquele que foi predito no Antigo Testamento e confirmado no Novo — é quem faz a escolha. E, quando o enxergarmos com os olhos daqueles que de fato o conheceram — as pessoas que ele chamou durante seu ministério na terra —, seremos mudados e impactados da mesma forma que eles foram.

E isso levanta a pergunta: O que significa ser escolhido?

Amanda Jenkins, Dallas Jenkins e Doug Huffman

INTRODUÇÃO

Antigo e Novo

Por que estudar uma passagem do livro de Isaías do Antigo Testamento se a vida de Jesus é descrita no Novo Testamento? Boa pergunta. Porque o que chamamos de "Antigo" era a única Bíblia que Jesus usou! Na verdade, o Novo Testamento não havia sido escrito quando Jesus esteve aqui na terra, pois é o testemunho de sua vida — e da vida de seus seguidores escolhidos.

Certamente, a série de televisão The Chosen baseia-se nos quatro evangelhos do Novo Testamento. Mas é importante notar a frequência com que os episódios fazem referência ao Antigo Testamento — em citações, alusões ou *flashbacks* —, porque a história de Jesus e a grande necessidade dos seres humanos por ele começou na Criação (Gênesis 3:15). Assim, o entrelaçamento dos fios da história do Antigo Testamento com o Novo Testamento é complexo e profundo — e tranquilo também.

De fato, a nação de Israel escolhida por Deus é um contexto importante do Antigo Testamento para o que Jesus faz quando escolhe seus seguidores no Novo Testamento. Por exemplo, dentre seus muitos seguidores chamados "discípulos", Jesus escolheu doze para serem líderes, a quem chamou de "apóstolos" (Lucas 6:12-17).

Antigo Testamento (AT): a primeira parte importante da Bíblia, o testemunho do relacionamento de Deus com a nação de Israel e a preparação da salvação feita por Deus para toda a humanidade, escrito por seus representantes do antigo povo de Deus.

Novo Testamento (NT): a segunda parte importante da Bíblia, o testemunho da vida de Jesus e suas implicações para toda a humanidade, escrito por aqueles que melhor o conheceram.

"Discípulos" de Jesus são as pessoas dedicadas a segui-lo, e multidões de discípulos o seguiram durante seu ministério terreno (e milhões deles desde então!).

"Apóstolos" eram os doze discípulos de Jesus escolhidos por ele para serem líderes entre o restante dos discípulos.

O número doze refere-se às doze tribos do Israel do Antigo Testamento e serve como uma clara indicação das intenções de Jesus de restabelecer o povo de Deus.

E há muito mais informações de onde isso procede — **inúmeros pontos de continuidade entre o Antigo Testamento e o Novo Testamento.** Mas não vamos nos precipitar.

A história de Israel é um dos grandes dramas que inclui aventuras e explorações, sucessos e fracassos, romances e rebeliões, guerras e calamidades, devastações e resgates. Pense nessas palavras de Simão no episódio 4. Embora proceda de um lugar de raiva, frustração e desespero — e a culpa está mal colocada —, ele não está errado sobre a história:

> "E tornarei seus descendentes tão numerosos quanto as estrelas do céu..." E daí, hein? Torna os escolhidos tão numerosos quanto as estrelas, só para permitir que o Egito nos escravize durante gerações? Tira-nos do Egito, divide o mar Vermelho, só para nos deixar vagando pelo deserto por quarenta anos? Dá-nos a terra, só para nos exilar na Babilônia? Traz-nos de volta, só para sermos esmagados por Roma? Esse é o Deus a quem servi fielmente durante minha vida inteira? Você é o Deus a quem devo agradecer? Sinceramente, acho que você gosta de nos arrastar como cabras e não consegue decidir se somos escolhidos ou não. Qual é a sua, hein?

Uma forma mais precisa de dizer isso? Deus resgatou Israel repetidas vezes, apesar de sua constante rebeldia contra ele. O pecado deles os levou à escravidão (Egito), ao sofrimento (o deserto) e ao exílio (Babilônia). E cada vez, o resgate de Deus serviu como lembrete de que eles eram seu povo amado, escolhido. Foram reiteradamente perdoados e restaurados, separados e protegidos, sustentados e amados, guiados diariamente na terra e receberam a garantia de passar a eternidade com Deus no céu.

Eles foram escolhidos.

O que Simão não percebeu foi que ele e seu povo estavam prestes a ser resgatados de novo. Não da maneira que esperavam, mas de uma forma que mudaria a vida deles de modo radical e permanente — junto com o mundo inteiro. Porque ligadas à fidelidade comprovada de Deus a Israel há profecias e promessas sobre um Messias vindouro que ofereceria o *status* de "escolhido" a todos os que respondem ao seu chamado.

Messias: o libertador prometido da nação judaica (ou "Salvador").

Somos nós. Somos o povo escolhido de Deus.

O título da série, *The Chosen*, tem uma ampla abrangência, que inclui Israel, a nação escolhida de Deus, e todos aqueles que Jesus escolhe. Mas o que significa *realmente* ser escolhido? Para responder a essa pergunta, vamos para a Antiga escola, isto é, o Antigo Testamento. Que nos conduzirá ao Novo.

Que nos conduzirá diretamente a Jesus.

Sua vez

1. Você conhece a Bíblia e suas duas divisões principais: o Antigo Testamento e o Novo Testamento? Se sim, o que pensa ou espera deles?

2. O que você conhece sobre as conexões entre o Antigo e o Novo Testamentos? Qual é a participação de Jesus nessas conexões? (Spoiler: leia Lucas 24:44.)

3. Quanto da Bíblia você realmente leu? Que parte(s) o atraiu (ou atraíram) mais e por quê?

4. O que lhe vem à mente quando você ouve as palavras "escolhido por Deus"? Você acha a ideia reconfortante? Confusa? Misericordiosa? Injusta? Estimulante?

O que você acha de tudo o que foi dito anteriormente e mais um pouco?

Contexto do AT

A conhecida história de Moisés, dos israelitas e da saída deles do Egito tem sido, de fato, repetida desde o início dos tempos. Não a parte das pragas. Nem a parte da divisão do mar Vermelho. Nem a parte da peregrinação no deserto durante quarenta anos. Esses detalhes tão impressionantes são exclusivos daquela época e lugar na história. Mas a tendência da humanidade de escolher o pecado em lugar do propósito e plano de Deus permanece firme e forte desde o jardim do Éden.

É algo assim:

O ciclo do pecado

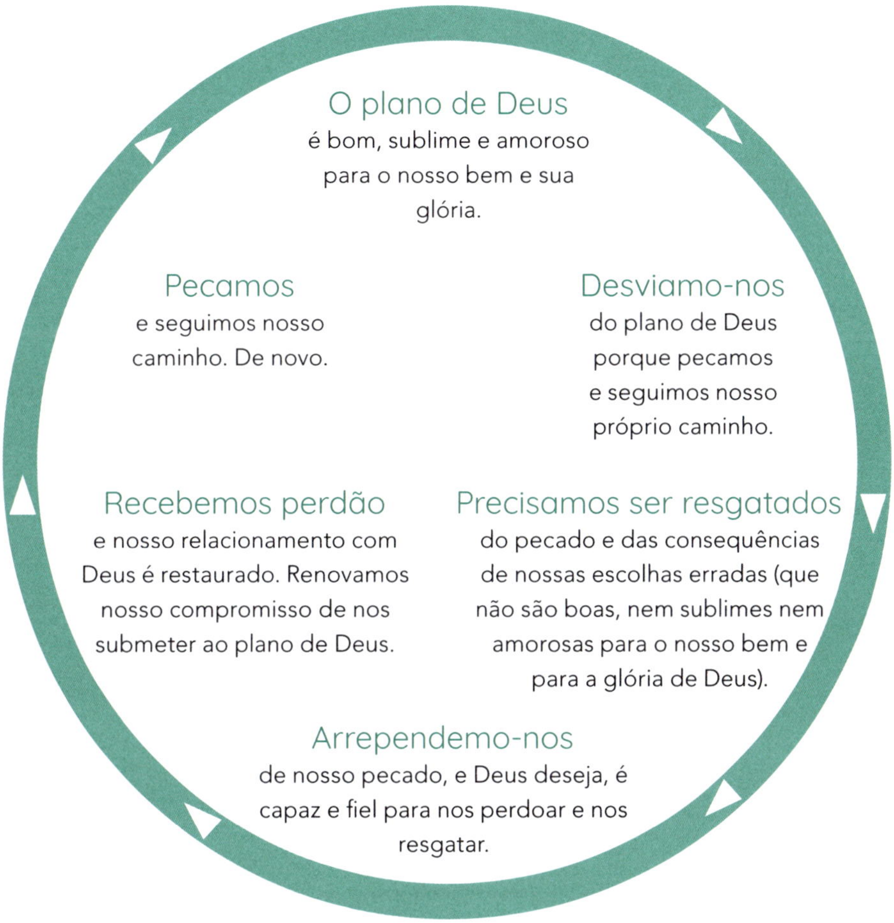

E assim vai. Em história após história do Antigo Testamento, vemos esse padrão se desenrolar, e as circunstâncias em torno da escrita do livro de Isaías não eram diferentes. Mais uma vez, os israelitas entraram no ciclo do pecado. Deus resgatou seus antepassados do faraó e os conduziu pelo deserto com uma coluna de nuvem durante o dia e uma coluna de fogo durante a noite (Êxodo 13:21) — o que significava que ele era o mapa. Deus os alimentou; o alimento aparecia no chão todos os dias e também a água que vertia das rochas (Êxodo 16:4-5; Números 20:7-8). Deus derrotou exércitos que se interpunham no caminho deles e os instalou na terra que lhes prometera (Josué 1—24). Durante todo esse tempo, geração após geração murmurava, reclamava e desobedecia ao Deus que os escolheu. Faziam exigências e mudavam os planos de Deus, e tudo foi piorando progressivamente.

Isaías entra em cena.

Na verdade, não temos muitas informações a respeito do profeta Isaías. O livro do Antigo Testamento que leva seu nome começa com esta introdução: "Visão que Isaías, filho de Amoz, teve a respeito de Judá e Jerusalém durante os reinados de Uzias, Jotão, Acaz e Ezequias, reis de Judá" (1:1), que nos fornece algumas informações sobre ele:

c.: abreviação da palavra latina *circa*, que significa "aproximadamente".

- Era filho de Amoz (1:1), sobre quem certamente não sabemos nada. A tradição judaica dá a entender que Amoz era irmão de Amazias, rei de Judá (c. 798-769 a.C.), que incluía Isaías na linhagem real.

  Entretanto, não cite essa nossa informação.

- Era profeta do reino de Judá, o Reino do Sul (1:1).

Nota lateral: em 930 a.C., após o reinado de Salomão, a nação de Israel se dividiu em dois reinos quando as tribos do Norte se recusaram a aceitar Jeroboão (filho de Salomão) como seu rei. Os dois reinos continuaram como nações separadas pelo resto de sua história e ambos sofreram por causa de reis corruptos, o que não teria sido surpresa. Quando estabeleceu a nação de Israel na Terra Prometida, Deus lhes disse que ele seria seu rei. Eles, porém, exigiram um rei terreno. Deus os advertiu que se instituíssem uma monarquia, contrariando seu plano, eles sofreriam por sua desobediência, porque os seres humanos são pecadores, principalmente seres humanos poderosos como os reis que tornaram a vida muito difícil para a nação de Israel.

E eles sofreram.

- Isaías profetizou durante os reinados de Uzias (c. 792-740 a.C.), Jotão (c. 750-731 a.C.; Isaías 7:1), Acaz (c. 735-715 a.C.) e Ezequias (c. 715-686 a.C.).

Fato curioso: a sobreposição de datas de reinado ocorre porque às vezes um rei começava a reinar junto com o pai. #amohistoria #nerdpelabíblia

Outras informações que sabemos:

- Isaías era casado e era pai (Isaías 7:3; 8:3,18).
- Aparentemente morava em Jerusalém (Isaías 7:3 cita alguns locais de Jerusalém).
- Ele escreveu alguns registros que não fazem parte da Escritura (2Crônicas 26:22).
- Uma obra judaica pseudepigráfica que data do primeiro século a.C. relata que Isaías foi morto por ter sido serrado ao meio por ordem de Manassés, rei de Judá (*Martírio de Isaías* 5:1-14; Hebreus 11:37); a obra do primeiro século *A vida dos profetas* (1:1) e o Talmude judaico (*Yevamot* 49b) também se referem a esse assunto.

Pseudepigráficos: textos que não estão na Bíblia, mas afirmam ser de natureza bíblica.

Portanto... isso é terrível.

- O livro de Isaías é, de fato, uma coleção dos sermões e visões de Isaías, apresentados ao longo das décadas em que ele exerceu seu ministério, entre 740 e 680 a.C.

Este é o ponto principal: Isaías passou a melhor parte de sua vida advertindo uma geração de homens e mulheres rebeldes e infiéis de que se voltassem para o Deus que os amava — um fato que devemos conhecer muito bem, porque, quase três mil anos depois que Isaías pregou à nação de Israel, nós, à semelhança deles, temos a infeliz tendência de escolher o pecado em lugar de Deus e de seu plano para nossa vida.

Gentio: não judeu.

Felizmente, Isaías não apenas apontou o problema. Ele também apontou para aquele por meio de quem os judeus e os gentios (1) se reconciliariam com Deus e (2) seriam fiéis.

Sua vez

5. De quais maneiras seu padrão de comportamento segue o da nação de Israel do Antigo Testamento?

6. Isaías foi designado por Deus para dar voz à verdade em uma época na qual o povo não queria ouvi-la. De quais maneiras você é como Isaías? E de quais você não é?

7. Que pensamentos e sentimentos a expressão "plano de Deus" desperta em você?

Jesus é

Os primeiros 39 capítulos do livro de Isaías tratam principalmente da implacável condenação e aflição pelo terrível pecado e dureza de coração de Israel e as consequências que o povo enfrentou. Mas a situação muda, porque, depois de apresentar fortes argumentos contra o povo escolhido de Deus, Isaías começa a falar palavras de consolação:

> "Consolem, consolem o meu povo",
> diz o Deus de vocês.
> "Encorajem Jerusalém e anunciem
>   que ela já cumpriu o trabalho que lhe foi imposto,
> pagou pela sua iniquidade e recebeu
>   da mão do SENHOR em dobro
>   por todos os seus pecados."
>
> Uma voz clama:
> "No deserto preparem o caminho para o Senhor;
>   endireitem no deserto uma estrada para o nosso Deus.
> Todo vale será levantado, e todos
>   os montes e colinas serão nivelados;
> os terrenos acidentados se tornarão planos,
>   e as escarpas serão aplanadas.

> A glória do Senhor será revelada, e, juntas,
> todas as pessoas a verão,
> pois é o Senhor quem fala." (Isaías 40:1-5)

Por intermédio de Isaías, Deus falou palavras de amor a Israel durante um tempo de rebeldia do povo — durante um tempo de adoração a ídolos, corações vacilantes e grande insensibilidade ao pecado, sem mencionar todas as consequências dolorosas que eles estavam sofrendo por causa de suas escolhas. Isaías transmitiu a mensagem de esperança de Deus antes que eles se arrependessem.

Para que todos nós compreendamos, a "voz no deserto" sobre a qual Isaías falou centenas de anos antes era a voz de João Batista do NT. De modo semelhante a Isaías, João pregou uma mensagem de arrependimento, mas também de esperança, porque ele disse a todos os que tinham ouvidos para ouvir que o Messias — o Salvador do mundo — estava chegando (Mateus 3).

Jesus entra em cena.

Ele é a esperança falada no Antigo Testamento (o Messias) e revelada em toda a sua glória no Novo Testamento — aquele por meio de quem todos nós temos esperança. Esperança de que nosso ciclo de pecado pode ser rompido. Esperança de que este mundo, com todas as suas decepções e tristezas, não é tudo o que existe. Esperança de que o nosso relacionamento com Deus pode ser restaurado — e pode progredir. Esperança de que, se seguirmos Jesus, ele nos mudará de dentro para fora, nos tornará pessoas cheias de alegria, cheias de fé e fiéis.

Jesus é o motivo **todo** de **toda** a Escritura, porque a humanidade precisa ser salva e ele é a salvação. Mas como essa salvação atua em nossa vida? Bom, é o que explicaremos nas próximas semanas, porque, como aqueles que nos precederam, **em Jesus** encontramos nossa verdadeira identidade, propósito e esperança.

Sua vez

8. O que você pensa de Jesus? Ele foi um homem bom? Um mestre que ensinou lições boas e agradáveis? Ou algo mais? Em que se baseia sua opinião sobre Jesus?

9. Faça uma lista do que a Bíblia diz sobre Jesus em Hebreus 1:1-3:

> No passado, Deus falou muitas vezes e de várias maneiras aos nossos antepassados por meio dos profetas, mas, nestes últimos dias, nos falou por meio do Filho, a quem constituiu herdeiro de todas as coisas e por meio de quem fez o universo. O Filho é o resplendor da glória de Deus, a expressão exata do seu ser, e sustenta todas as coisas por sua palavra poderosa.

10. Até que ponto você está preparado para contestar sua opinião sobre Jesus? Está disposto a *ajustar* sua opinião sobre ele (ou sua reação a ele) em consequência disso?

Foco da oração

Agradeça a Deus pelo envolvimento íntimo dele na vida das pessoas sobre as quais lemos na Escritura e para que ele também queira estar intimamente envolvido em sua vida. **Agradeça**-lhe por escolher comunicar-se com você ao longo da Bíblia. **Agradeça**-lhe por enviar seu Filho Jesus. **Peça** sua ajuda para entender sua Palavra e conhecer mais a Jesus.

Estudo adicional

Estas são algumas sugestões para você investigar ligações adicionais entre Isaías do AT e a vida de Jesus no NT.

- Em Lucas 2:22-35, Maria e José levaram o bebê Jesus ao templo de Jerusalém. Lá eles encontraram um homem chamado Simeão, que fez uma declaração de louvor a Jesus (2:29-32) usando as palavras de Isaías 49:6, o que significa que Deus fez declarações por meio de profetas como Isaías *antes* que os fatos acontecessem, para que nós os compreendêssemos quando aconteceram.

"Eu, o Senhor, o chamei para justiça;
  segurarei firme a sua mão.
Eu o guardarei e farei de você uma aliança
  para o povo e uma luz para os gentios;
  para abrir os olhos dos cegos,
para libertar da prisão os cativos e para livrar
  do calabouço os que habitam na escuridão.
Eu sou o Senhor. Este é o meu nome!
  Não darei a outro a minha glória
  nem o meu louvor a imagens.

Vejam! As profecias antigas já se cumpriram,
e coisas novas eu anuncio;
antes de surgirem,
eu as declaro a vocês." (Isaías 42:6-9)

- Lucas 4:16-21 narra um dos primeiros sermões de Jesus quando ele escolheu Isaías 61:1-2 como seu texto principal — uma passagem na qual Isaías profetizou a respeito do Messias vindouro. Depois de ler, Jesus sentou-se e declarou ao recinto repleto de pessoas: "Hoje se cumpriu a Escritura que vocês acabaram de ouvir."

Em outras palavras, "O Messias profetizado há muito tempo, sobre o qual vocês têm anunciado em suas sinagogas por séculos? Eu sou ele."

É desnecessário dizer que ouvir um homem com quem eles haviam convivido afirmar que era o Salvador do mundo não foi uma notícia bem recebida (Lucas 4:22-30).

- Lucas 7:18-23 descreve uma época em que João Batista enviou mensageiros a Jesus porque estava em dúvida se Jesus era realmente o Messias. Em vez de responder simplesmente: "Digam a João que Eu sou o verdadeiro Messias", Jesus disse:

  — Voltem e anunciem a João o que vocês viram e ouviram: Os cegos veem, os aleijados andam, os leprosos são purificados, os surdos ouvem, os mortos são ressuscitados, e o evangelho está sendo pregado aos pobres." (Lucas 7:22)

As ações de Jesus provaram sua identidade — ações que haviam sido descritas em Isaías 29:18; 35:5-6; 42:18 e 61:1, só para mencionar algumas. Jesus pediu a João que chegasse a uma conclusão correta sobre sua identidade com base na evidência física do cumprimento da Escritura.

Mas agora, assim
diz o Senhor, aquele
que o criou, ó
Jacó, aquele que
o formou, ó Israel:
"Não tema, pois
eu o resgatei; eu o
chamei pelo nome;
você é meu".

Isaías 43:1

Primeira lição

O que significa ser escolhido?

VOCÊ É CHAMADO

OMAR: Por que você não consegue dormir?

MARIA: Estou com medo.

OMAR: Do quê?

MARIA: Não sei.

OMAR (*abraçando Maria*): Então, o que fazemos quando estamos com medo?

MARIA: Dizemos As Palavras.

OMAR: As Palavras de Adonai. Do profeta...

MARIA: Isaías.

OMAR: Certo. Do profeta Isaías: "Assim diz o SENHOR, aquele que o criou, ó Jacó, aquele que o formou, ó Israel: 'Não tema [...].'" Vamos, quero ouvir você dizer. Quero ouvir sua linda voz. Vamos.

MARIA: "Não tema, pois eu o resgatei; eu o chamei pelo nome; você é meu."

OMAR: "Você é meu." Isso mesmo.

Redimir: comprar de volta, resgatar, libertar dos grilhões, salvar e restaurar.

Não tema

O medo é, às vezes, um monstro enorme, sempre se movimentando, sempre avançando, pois a lista das coisas que tememos é longa. Temos medo de perder. Temos medo de fracassar. Temos medo de não ser amados. Temos medo de doenças.

Temos medo da solidão, das trevas, de nos faltar alguma coisa, de desastres naturais e de homens maus — a lista vai longe.

"Eu o chamei pelo nome" é um título adequado para a temporada 1, episódio 1 da série *The Chosen* porque nenhuma outra declaração, nenhuma outra verdade neste mundo, tem o poder de eliminar o medo como o fato de conhecer a Deus e ser conhecido por ele.

Por quê?

Bom, para dizer a verdade, somos simples criaturas feitas para nos relacionar com Deus. Fomos criados para ter comunhão com ele, conhecer nosso Criador e sermos conhecidos por ele, interagir com o mundo ao lado dele e sob seus cuidados. Sem Deus, somos totalmente dependentes do mundo ao nosso redor e de todo o medo que ele traz. Sem Deus, há um vazio significativo e impreenchível em nossa alma, porque, ao contrário do dogma popular da autossuficiência de hoje, sozinhos *não* somos suficientes.

Mas tudo bem; é assim que deve ser. Somos incompletos propositadamente, de modo que nada, além de conhecer e ter comunhão com Deus, nos preencherá — não de maneira real, permanente ou completa. Somos incompletos, por isso vamos correndo quando aquele a quem pertencemos nos chama.

Sua vez

1. Do que você tem medo e por quê? De que maneira Salmos 139:13-18 fala ao seu medo?

Contexto do AT

O profeta Isaías teve medo também — e quem pode culpá-lo?

> No ano da morte do rei Uzias, eu vi o Senhor assentado em um trono alto e exaltado, e as abas das suas vestes enchiam o templo. Acima dele, estavam serafins; cada um deles tinha seis asas: com duas cobriam o rosto, com duas cobriam os pés e com duas voavam. E proclamavam uns aos outros:
>
> "Santo, santo, santo é o Senhor dos Exércitos;
> a terra inteira está cheia da sua glória."
>
> Ao som das suas vozes, os batentes das portas tremeram, e o templo ficou cheio de fumaça. Então, gritei: — Ai de mim! Estou perdido! Pois sou um homem de lábios impuros e vivo no meio de um povo de lábios impuros; os meus olhos viram o Rei, o Senhor dos Exércitos! (Isaías 6:1-5)

Isaías estava fazendo o que costumava fazer quando, de repente, estava na presença do Rei do Universo, junto com figuras angélicas que cantavam louvores com vozes capazes de abalar a terra — e Isaías caiu no chão não apenas porque a experiência era aterrorizante para os sentidos de todas as maneiras possíveis, mas também por tê-lo deixado totalmente ciente de suas falhas morais. Deus é santo, e Isaías sentiu-se desesperadamente indigno na presença dele. Mas, ao mesmo tempo, Deus reconheceu o coração arrependido de Isaías, o perdão lhe foi concedido e ele se levantou, por assim dizer (Isaías 6:6-9). Ou se levantou realmente do chão.

Isaías respondeu sim ao chamado de Deus.

Esta é a conclusão: Isaías não foi chamado por Deus por ser um homem digno. Ele não era digno e sabia disso. Além do mais, Deus avisou Isaías de que a mensagem que ele pregaria à nação de Israel cairia em ouvidos "surdos", indiferentes (Isaías 6:9-13), mas que Deus persistiria, falando de amor ao seu povo escolhido e declarando que pertenciam a ele antes mesmo que eles concordassem. Em outras palavras, Isaías foi enviado à nação de Israel enquanto o povo continuava a pecar e a se rebelar contra Deus e rejeitá-lo. Isso significa que a mensagem de Deus foi entregue por um Isaías indigno ao povo indigno escolhido pelo próprio Deus.

Você percebe que existe um tema?

Sua vez

2. Releia Isaías 6:3 e anote os significados de "santo", "Senhor" e "glória". O que essas palavras dizem sobre aquele que nos chama para si?

3. De que maneira essas palavras impactaram sua opinião sobre Deus? Como o fato de relacionar-se com aquele descrito por essas palavras impacta as coisas das quais você tem medo?

4. Israel continuou a rebelar-se contra Deus mesmo enquanto ele continuava a chamá-los para relacionar-se com ele. O que isso sugere a respeito do caráter de Deus?

Digno, indigno

A noção de ser chamado para relacionar-se com Deus pode trazer consigo alguns problemas intrínsecos, como orgulho e insegurança que, como se vê, são os dois lados da mesma moeda de uma teologia ruim.

Cabeça. Os orgulhosos tendem a se ver como pessoas dignas do amor e da aprovação de Deus. Pelo seu sistema de medida, eles são "bons" e merecem o *status* espiritual correspondente. Mas o fato de ter uma opinião exageradamente inflada de nós mesmos pode nos impedir de nos arrepender e responder ao chamado de Deus de todo o nosso coração.

Cauda. Os inseguros esforçam-se para acreditar que o amor de Deus é grande o suficiente para apagar o histórico de seus erros, fazendo-os sentir-se irremediavelmente indignos da oferta de Deus de redimir e restaurar. Mas o fato de ter uma opinião exageradamente baixa de nós mesmos pode nos impedir de aceitar o chamado de Deus de todo o nosso coração e responder a ele.

Em ambos os casos, o foco está em nós, não em Deus.

Verdade seja dita, a maioria de nós vacila entre o orgulho e a insegurança — entre nos sentirmos dignos e irremediavelmente indignos — dependendo do dia. Mas não desanime. Assim como ocorreu com Isaías e com a nação de Israel, o chamado de Deus em nossa vida tem pouco a ver conosco e tudo a ver com ele.

O mesmo se aplica ao povo que Jesus chamou.

Maria Madalena foi chamada quando se encontrava na mais completa e óbvia escuridão. Ser possuída por sete demônios é semelhante ao enredo de um filme de terror, o que significa que ela não recebeu ajuda do Salvador por ter bom comportamento. Assim como o Israel do AT, o chamado em sua vida foi feito por iniciativa divina e executado por Jesus, *apesar de* quem ela era e por causa de quem ele a criou para ser.

Nicodemos, por outro lado, estava bem confiante de seu *status* espiritual. Ele era fariseu, separado para o serviço do Senhor, portanto os que o rodeavam o consideravam digno de consideração, respeito e privilégio provenientes de sua posição. Provavelmente acreditava ser digno do chamado de Deus, o que significa que sua posição e seu orgulho dificultavam sua tremenda necessidade de reconciliar-se com Deus.

Mateus, provavelmente muito atarefado em viver para si mesmo, não se preocupava com o fato de ser digno ou não. Estava em busca de seu bem-estar, principalmente de dinheiro. A respeito de nossa ilustração sobre a moeda da má teologia, é bem possível que ele tenha perdido completamente a lição e jogado a prata dentro de sua sacola de dinheiro! Por um tempo, ele parecia estar alheio — ou pelo menos indiferente — ao chamado de Deus para sua vida.

Simão demonstrava abertamente suas emoções confusas. Deixava à mostra seu coração às vezes orgulhoso, às vezes inseguro, que queria conquistar seu próprio valor. Sua autossuficiência era útil em um barco pesqueiro, mas quase sempre retardava seu entendimento e a ação correspondente quando se tratava de seguir Jesus.

Incidentalmente, no episódio 1 de *The Chosen*, Maria Madalena serve como postulante ideal para o chamado de Deus por intermédio de Jesus. Nicodemos ficaria horrorizado com a ideia: *uma mulher endemoninhada, pertencente ao distrito vermelho, é o modelo que devemos seguir?* Mateus ficaria perplexo: *Por que toda essa confusão? Posso cobrar imposto dela?* Simão talvez se sentisse enganado: *Como essa mulher recebe um chamado de Deus quando estou me esforçando ao máximo?!*

Mas Maria, a desesperada Maria, estava tão desalentada que, embora imaginasse que jamais seria resgatada, reagiu imediatamente. E de todo o coração.

Seja qual for o grau de nosso orgulho, insegurança ou desespero, o chamado de Deus ocorre quando nem sequer temos consciência de que somos versões imperfeitas de nós mesmos. O chamado ocorre antes que Deus comece sua obra transformadora de redenção, porque, *antes* daquilo que propôs e planejou para nós desde o início, ele vê o nosso *depois*. Assim como fez com a nação de Israel, o povo que ele criou e ama o suficiente para chamá-lo de seu, Deus vê antecipadamente o nosso medo, o nosso coração e vida confusos.

Somos valiosos para Deus porque ele nos fez e nos ama. Somos valiosos porque ele assim o diz, e sua Palavra é tudo e o fim de tudo. Deus, porém, nos chama para si por causa de quem ele é, não porque somos dignos — o que, na verdade, significa que podemos confiar em nosso chamado, uma vez que ele se baseia na bondade, no perdão e na graça de Deus (entre muitos de seus atributos).

Sua vez

5. Com qual dos quatro personagens da série *The Chosen*, falhos, mas mesmo assim chamados, você se identifica? Você se considera digno de ser chamado por Jesus? Por que sim ou por que não?

6. O que você diria a alguém que se sente indigno do amor de Jesus e do chamado para segui-lo (como Maria Madalena)? O que você diria a alguém que confia na própria bondade ou autossuficiência (como Nicodemos)?

7. Leia Romanos 3:10-12. Seja qual for o modo pelo qual vemos nosso histórico de desempenho, por que a Bíblia diz que todos nós nos comparamos a um Deus santo?

Jesus é o nosso resgatador

Deus fez o mundo e ama o que fez. Mas nós, seres humanos — desde o Antigo até o Novo Testamento e até hoje —, escolhemos agir por conta própria, seguir nosso caminho e desprezar as leis da criação de Deus, os limites que ele colocou para o nosso bem e sua glória. Ao pecar, nós nos separamos daquele que nos ama. Mas, *por causa* de seu amor, Deus fez um caminho (1) para que o pecado fosse expiado e seu poder em nossa vida fosse derrotado, e (2) para conhecermos o nosso Criador da maneira que ele pretendia.

> — Porque Deus tanto amou o mundo que deu o seu Filho Unigênito, para que todo aquele que nele crer não pereça, mas tenha a vida eterna. Pois Deus enviou o seu Filho ao mundo não para condenar o mundo, mas para que o mundo fosse salvo por meio dele. Quem nele crê não é condenado, mas quem não crê já está condenado, por não crer no nome do Filho Unigênito de Deus. (João 3:16-18)

Jesus veio para viver entre nós; só que ele não pecou. Ele veio para nos resgatar do castigo do pecado, que é a morte e a separação eterna de um Deus santo. Veio para nos resgatar do poder do pecado sobre nós e seu controle total sobre nossa vida. E tudo o que devemos fazer para sermos perdoados e aceitos na comunhão com Deus é crer naquele que ele enviou.

É só isso.

Mas é tudo isso também.

Nenhum de nós é digno da atenção amorosa de Deus. Ser chamado por ele e aceitar seu convite por intermédio de Jesus — ser escolhido e resgatado, apesar de não termos nenhum merecimento —, exige que confiemos nele, o que inclui permitir que Deus faça todas as mudanças em nossa vida que ele achar melhor. E, quando fazemos isso, o medo não tem mais lugar em nossa vida.

Não tema, Deus pode redimir suas escolhas e usá-las para o bem.

Não tema, Deus pode curar seu coração, seu corpo e seus relacionamentos.

Não tema, você foi feito para muito mais do que vivenciou até hoje.

Não tema, o Rei do Universo o chamou pelo nome.

(Lilith tropeça em um beco onde toma uma rápida bebida. Olha para trás e vê Jesus seguindo-a pela rua.)

LILITH: Deixe-me em paz!

(Jesus para. Então, com toda a autoridade, diz)

JESUS: Maria! *(Ela para, sem se mexer.)* Maria de Magdala!

(Maria não consegue falar. Seu copo cai; argila e líquido espalham-se no chão. Ela vira lentamente o rosto para ele.)

MARIA: Quem é você? Como sabe o meu nome?

JESUS *(caminhando na direção dela enquanto fala)*: Assim diz o Senhor que a criou... e que a formou: não tema, pois eu a redimi. Eu a chamei pelo seu nome.

Você é minha.

Trindade:
a condição de ser três.

"Deus é uma Trindade: Pai, Filho e Espírito Santo, cada um é pessoa não criada, é um em essência, igual em poder e glória" (Sociedade Teológica Evangélica).

Analogias comuns incluem o ovo, que tem três partes distintas (casca, clara, gema), mas continua a ser um ovo; ou a maçã, que tem três partes distintas (casca, polpa e miolo), mas continua a ser uma maçã.

Evidentemente, todas as analogias perdem o efeito, e Deus não é ovo nem maçã. Claro!

Cada membro da Trindade não é uma "parte" de Deus; cada um é totalmente Deus. Portanto, apesar de não definirmos a palavra da melhor maneira humana possível, a Trindade é um conceito que só entenderemos quando estivermos no céu.

Sua vez

8. Do que você precisa ser resgatado?

- De uma história pessoal e sofrimento difíceis? Maria perdeu a família, a dignidade e o autocontrole; Mateus foi rejeitado por sua família e por todas as outras pessoas.
- De uma dificuldade financeira? Simão e Mateus sentiram o peso dos tributos romanos e da luta para pagá-los.
- De uma cosmovisão que diz que devemos salvar a nós mesmos? Muitos fariseus eram legalistas, tentando constantemente impressionar Deus e uns aos outros; Simão sempre tomava as rédeas da situação, confiando em sua capacidade, sabedoria e força.
- Das trevas, do vício ou de outro ciclo de pecado? Os demônios atormentavam Maria, fazendo-a sentir-se desesperançada e acorrentada a uma vida de pecado; Mateus era governado por seu amor ao dinheiro e desejo de segurança.

9. Como Isaías 43:1 pode desafiá-lo a pensar de modo diferente sobre sua situação? E o que que esse versículo pode induzi-lo a fazer de outro modo?

10. O que Efésios 2:8-10 diz a respeito da salvação de Deus ao seu povo por meio de Jesus?

Foco da oração

Agradeça a Deus por ele conhecê-lo e por querer ter um relacionamento com você. Confesse que você é indigno de ser chamado. Se necessário, confesse um orgulho qualquer ou tentativas movidas pelo ego para que você se torne digno do amor de Deus por meio de seu próprio esforço. Louve o Senhor por ter chamado você para pertencer a ele, apesar de todos os seus erros e por ter enviado Jesus para resgatá-lo e garantir o seu chamado.

Estudo adicional

- Leia a advertência sobre não obedecer à lei de Deus em Deuteronômio 27:26 (AT) e depois leia o texto no qual o apóstolo Paulo citou Deuteronômio, mas também nos deu esperança em Gálatas 3:10-13 (NT). Embora sejamos amaldiçoados pela incapacidade de obedecer perfeitamente à lei de Deus, Jesus nos proporcionou expiação e resgate perfeitos. Preste atenção especialmente no versículo 13:

  Cristo nos redimiu da maldição da lei quando se tornou maldição em nosso lugar.

- Observe também que em Gálatas 3:14 Paulo se referiu às bênçãos prometidas por Deus aos israelitas descendentes de Abraão e ao plano de estender essas bênçãos ao mundo inteiro. Examine a promessa em Gênesis 12:1-3 para ver, mais uma vez, que o plano de resgate de Deus iniciado no Antigo Testamento foi completado por Jesus no Novo Testamento.
- Tito 3:4-7 trata de como Deus resgatou imerecidamente os cristãos. Preste atenção em especial nas mudanças que ocorrem em nossa vida quando seguimos Jesus.

“Quando você
passar pelas águas,
eu estarei com você;
quando passar
pelos rios, eles
não o encobrirão;
quando passar
pelo fogo, você
não se queimará;
as chamas
não o deixarão
em brasas.”

Isaías 43:2

Segunda lição

O que significa ser escolhido?

VOCÊ DESCANSA

JESUS: Olá, Maria.

MARIA: Olá.

(Uma pausa.)

JESUS: É bom ver você.

MARIA: Sim. Sim.

(Outra pausa. Jesus dá uma risadinha.)

JESUS: Não quero ser rude... mas será que eu poderia...

MARIA: Ah, sim, claro. Entre, por favor.

(Enquanto ambos se aproximam da mesa...)

MARIA *(continuando)*: É que eu nunca pensei que você, hum... eu tenho alguns convidados aqui, esta é a minha primeira vez. Não sei o que estou fazendo...

TIAGO/TADEU: Mestre.

(Jesus confirma com a cabeça e sorri.)

MARIA: Você já conhecia estes homens?

JESUS: Eles são meus alunos. Espero que tenham sido educados.

MARIA: É claro.

(Outra pausa.)

SHULA: O seu convidado pode se sentar, não é, Maria?

MARIA: Ah, claro! Sim, é claro, sente-se, por favor. Eu não paro de dizer "por favor". Amigos, este é o homem de quem eu lhes falei, que, hum, me ajudou.

SHULA: Ah, sim. Maria nos falou muito de você.

(Maria olha para ela.)

JESUS *(sorrindo)*: Espero que não tenha exagerado.

BARNABÉ: Eu sou Barnabé. Esta é Shula. Ela é cega.

JESUS: Ah.

SHULA: Caso não tenha notado.

MARIA: Ah, me desculpe. Eu ainda não sei o seu nome.

JESUS: Sou Jesus. De Nazaré.

BARNABÉ: Bom, parece que *pode* sair alguma coisa boa de Nazaré!

(Ninguém ri. Maria olha firme para ele. Jesus dá uma risadinha, pisca para Barnabé.)

JESUS: Maria, é uma honra estar aqui. Por que você não começa?

MARIA: Ah, não. Não consigo. Agora que você está aqui, faça você.

JESUS: Obrigado, mas a casa é sua, e eu gostaria muito que você fizesse isso.

(Maria pega o papel que traz consigo. Respira fundo.)

MARIA: Está bem. Eu vou ler, hum, isto agora?

(Jesus confirma com a cabeça e sorri.)

MARIA *(continuando)*:

"Assim, foram terminados os céus e a terra com todo o seu exército...

E Deus terminou no sétimo dia a obra que fez.

E Deus descansou no sétimo dia de toda a obra que fez.

E Deus abençoou o sétimo dia e o santificou, pois nele descansou de toda a obra que fez..."

Shabat

Normalmente equiparamos o sono com o descanso. Enquanto nossos olhos estão abertos, percorremos centenas de quilômetros por hora, sempre mensurando o valor de nossos dias com a quantidade daquilo que realizamos. Dias bons são aqueles atarefados, repletos de ir e vir, de ver, fazer, investigar e vencer. E à noite, quando não somos fisicamente capazes de fazer todas as coisas, paramos um pouco para "descansar".

"Shabat" é o título da temporada 1, episódio 2 da série *The Chosen* e a tradução da palavra hebraica *Sabbath*, que significa parar de trabalhar, porque assim diz o quarto mandamento:

Shabat: pronuncia-se shabate.

> — Lembre-se do dia de sábado para santificá lo. Trabalhe seis dias e neles faça todos os seus trabalhos, mas o sétimo dia é um sábado para o SENHOR, o seu Deus. Nesse dia, não faça trabalho algum, nem você, nem o seu filho, nem a sua filha, nem o seu servo, nem a sua serva, nem os seus animais, nem os estrangeiros residentes nas suas cidades. Porque em seis dias o SENHOR fez os céus e a terra, o mar e tudo o que neles há, mas, no sétimo dia, descansou. Por isso, o SENHOR abençoou o dia de sábado e o santificou (Êxodo 20:8-11)

O Shabat, portanto, era e é um dia em que povo de Deus se reúne em comunidade, marcado principalmente pela ausência de trabalho, embora não trate só disso. Ter um dia de descanso na semana é uma bênção, com certeza, porque Deus o incluiu em seu sistema por ser misericordioso com sua criação e está intimamente em sintonia com nossas necessidades. *Precisamos* de um dia de descanso para renovar as forças, ir à igreja e passar tempo com as pessoas que amamos, e é o que fazemos. Mas nada disso se compara à principal intenção de Deus por trás do mandamento.

Marque bem essas palavras.

Sua vez

1. Releia Êxodo 20:8-11. Qual é a origem do dia de descanso chamado Shabat?

Contexto do AT

Quando libertou os israelitas da escravidão no Egito, Deus os conduziu *ao* deserto sob a liderança de Moisés. Mas os milagres em forma de pragas que convenceram o faraó a finalmente libertar os israelitas deixaram claro que Deus estava no comando. Conforme a história prossegue, o faraó logo mudou de ideia e os encurralou na margem do mar Vermelho, onde Deus abriu as águas para permitir que os israelitas o atravessassem em terra seca. Quando o faraó e seu exército os perseguiram, Deus liberou as águas, aniquilando o exército egípcio inteiro e garantindo a liberdade futura de Israel (Êxodo 14:10-30).

Contudo, havia o deserto do outro lado. Deus disse aos israelitas que eles seriam conduzidos a uma terra prometida "onde fluem leite e mel", mas eles não conheciam o caminho nem a distância para chegar a pé até lá. Ao contrário, tudo o que viam eram as coisas impossíveis diante deles — calor, poeira, distância. Nenhuma sombra, nenhum alimento, pouca água. E depois viram as coisas impossíveis do *outro* lado do deserto — terra já conquistada e habitada —, o que significava mais reis, mais exércitos e mais coisas impossíveis.

Em pé na beira do deserto, eles não tinham condição de saber que o próprio Deus guiaria seus passos: "Durante o dia, o SENHOR ia adiante deles em uma coluna de nuvem para guiá-los no caminho; durante a noite, em uma coluna de fogo para iluminá-los; assim, podiam caminhar de dia e de noite. A coluna de nuvem não se afastava do povo durante o dia nem a coluna de fogo durante a noite." (Êxodo 13:21-22)

Eles não tinham condição de saber que Deus proveria "pão do céu" (Êxodo 16:4), uma porção diária de maná para alimentá-los, que incluía uma porção dupla no sexto dia para que obedecessem ao mandamento do Senhor de descansar no sétimo dia: "Vejam que o SENHOR deu o sábado a vocês; por isso, no sexto dia, ele lhes envia pão para dois dias. No sétimo dia, fiquem todos onde estiverem; ninguém deve sair. Então, o povo descansou no sétimo dia." (Êxodo 16:29-30)

O maná era "pão do céu", mas não significa que caía literalmente do céu como chuva. Aparentemente, ele se materializava como orvalho, a forma com que é descrito em Êxodo 16:13-14: "flocos finos semelhantes a geada" que apareciam no chão.

Mais adiante neste capítulo, é descrito como "branco como semente de coentro e tinha gosto de bolo de mel" (v. 31).

Eles não tinham condição de saber que Deus não permitiria que suas sandálias e roupas se gastassem (Deuteronômio 29:5) ou que entregaria reis e reinos nas mãos deles sem necessidade de levantarem espadas.

Eles não tinham condição de saber o que vieram a saber rapidamente: que a provisão de Deus — que inclui descanso — é uma "inundação" de sua presença.

Sua vez

2. Que promessa Deus fez para seu povo escolhido em Isaías 43:2?

3. Qual a relação das palavras desse versículo com Êxodo 14:26-31? E com Josué 3:14-17? E com Daniel 3:1-28?

4. Aquele que fez o deserto foi o mesmo que conduziu os israelitas pelo deserto. De que modo a meditação em Deus como Criador muda a maneira de você olhar para as coisas impossíveis?

Manancial de descanso

Os judeus de Israel do primeiro século não eram muito melhores que seus antepassados que peregrinaram no deserto. Moravam em seu país, mas sob ocupação e governo romano opressivo. Sua observação contínua do Shabat era um lembrete de que Deus sempre foi fiel para suprir as necessidades de seu povo escolhido, mas eles ainda ansiavam por libertar-se das circunstâncias em que viviam.

No entanto, de acordo com Isaías 43:2, alívio e descanso não resultam necessariamente da eliminação das circunstâncias. Ao contrário, libertação e descanso resultam da presença de Deus, sejam quais forem as circunstâncias.

"Quando você passar pelas águas, eu estarei com você [...]."

Maria Madalena experimentou o poder resgatador de Jesus em sua vida. Mas a libertação de seus demônios não eliminou automaticamente suas circunstâncias difíceis. Sem dúvida, ela ainda tinha lembranças dolorosas, relacionamentos que foram tensos ou rompidos e consequências resultantes de uma vida decadente. Mas Jesus passou a fazer parte da vida dela.

Não é de admirar que ela passou a ser uma de suas discípulas dedicadas, trocando o teto de uma casa por uma tenda, familiarizando-se com um tipo de vida totalmente novo de peregrinação pelo deserto. Maria encontrou o tipo de descanso que procede unicamente da comunhão com o Criador e não queria afastar-se da presença dele.

Nicodemos estruturou uma vida decente para si. O bom comportamento, o sucesso e o dinheiro têm o poder de facilitar a vida, mas não satisfazem a alma. Nem satisfazem uma religião baseada em obras. A obediência à guarda do Shabat ordenada por Deus era um bom princípio, mas apenas se o resultado fosse gratidão e adoração ao Criador. Embora as reuniões do Shabat de Nicodemos fossem ritualmente respeitosas ao extremo — sem dúvida havia uma ênfase significativa a respeito da correta observância da lei do AT —, os rituais podem perturbar a correta observância da presença de Deus.

Mateus encontrou uma maneira de obter vantagens da ocupação romana e, como resultado, provavelmente não era convidado para participar de muitas ceias do Shabat. Os problemas relacionais eram inevitáveis, embora ele tenha sido capaz, por uns tempos, de não se importar com a solidão que fazia parte do território do coletor de impostos. Mas o esforço exagerado para ganhar dinheiro afasta-nos de nosso Criador — afasta-nos de qualquer esperança de sentir o descanso e a paz verdadeiros.

Simão poderia estar entre os mais bem preparados por Deus para intervir nas circunstâncias difíceis de Israel. Sobrecarregado de problemas financeiros, provavelmente lutava com a impaciência — talvez até com sua fé. Talvez se perguntasse quando Deus livraria Israel do sofrimento e restauraria sua liberdade. Talvez se perguntasse se Deus ainda se importava realmente com seu povo escolhido — perguntas que tornavam dolorosas e confusas as lembranças do Shabat.

De qualquer forma, Maria é mais uma vez o exemplo que todos deveríamos querer seguir. Ela não estava se esforçando para obedecer a um mandamento com a finalidade de receber favor de Deus; ela sabia que já recebera seu favor gracioso e imerecido. Agora estava ansiosa para separar um tempo para lembrar-se de seu Criador, aquele que a conhecia pelo nome — para entrar em sua presença e celebrar o que ele havia feito e o que faria. Comparado à ceia do Shabat de Nicodemos, o Shabat de Maria era humilde e imperfeito, porém muito mais glorioso.

E foi muito bom contar com a presença de Jesus na sala.

Sua vez

5. Quando se trata de pôr em prática o descanso do Shabat, com que personagem você mais se identifica e por quê?

6. Salmos 46:10 diz: "Parem de lutar e saibam que eu sou Deus!" Que impacto a meditação de Maria em Deus causou em seu processo de cura? E nas prioridades de Nicodemos? E nas lutas de Mateus? E na impaciência e confusão de Simão?

7. A guarda do Shabat é evidentemente mais marcada por não trabalhar nesse dia. Mas a intenção primordial de Deus por trás do mandamento é passar o dia como Maria passava — entrar na presença de Deus. O que precisa mudar em sua agenda ou em sua mente para você descansar da maneira idealizada por Deus?

Jesus está presente

O Shabat comemora o resgate milagroso de Deus quando seu povo estava no Egito, o sustento diário para eles no deserto e a total dependência que Israel tinha dele. Mas lembrar-se da fidelidade de Deus ao povo escolhido do AT não é tudo; serve para nos lembrarmos de que ele permanece fiel. Que Deus está presente neste momento. Que Deus continua sustentando e conduzindo seu povo escolhido e trabalhando em seu favor. E que Deus é digno de *nossa* dependência constante.

> [Jesus disse:] — Venham a mim todos os que estão cansados e sobrecarregados, e eu darei descanso a vocês. Tomem sobre vocês o meu jugo e aprendam de mim, porque sou manso e humilde de coração, e vocês encontrarão descanso para a alma. Pois o meu jugo é suave, e o meu fardo é leve.
>
> Mateus 11:28-30

Jesus não instrui as pessoas cansadas e sobrecarregadas a dormir mais, tomar mais cafeína ou tirar férias. Jesus nos convida a ir até ele, e, quando aceitamos seu convite, ele nos dá descanso. Podemos descansar nosso corpo a qualquer hora que quisermos, mas o *descanso da alma* só ocorre na presença de nosso Criador. Aquele que sabe quantos fios de cabelo temos na cabeça (Mateus 10:30; Lucas 12:7) e registra os nossos lamentos (Salmos 56:8). Aquele que conhece intimamente os nossos problemas e todos os caminhos que ele vai usar para o nosso bem (Romanos 8:28). Aquele que nos ama até o ponto de ser nosso resgatador — apesar de nosso pecado e resistência —, sabendo o que isso lhe custaria (Romanos 5:8). E aquele que nos guia através da água e do fogo até a Terra Prometida no céu, onde "não haverá mais morte, nem aflição, nem choro, nem dor" (Apocalipse 21:4).

Em sua presença, temos sustento, paz e descanso que superam as dificuldades — por causa de quem ele é.

MARIA *(continuando)*:

"Assim, foram terminados os céus e a terra com todo o seu exército...

E Deus terminou no sétimo dia a obra que fez. E Deus descansou no sétimo dia de toda a obra que fez.

E Deus abençoou o sétimo dia e o santificou, pois nele descansou de toda a obra que fez.

Bendito és tu, Senhor, nosso Deus, Rei do Universo, que cria o fruto da vinha...

Com amor e bom grado nos deste teu santo Shabat como herança, para lembrar a obra da Criação...

Pois ele é o primeiro dia de nossas sagradas reuniões em memória da saída do Egito.

Bendito és tu, Senhor, nosso Deus, Rei do Universo, que faz sair pão da terra. Amém."

Sua vez

8. A promessa de Jesus em Mateus 11:28-30 faz lembrar a promessa de Isaías 43:2, na qual Jesus não diz que não haverá nenhuma responsabilidade ou dificuldade ("jugo" ou "fardo"). Ao contrário, ele permanece conosco e nos oferece um caminho. Que impacto essas palavras causam em como você se sente a respeito de suas circunstâncias e como reage a elas?

9. Preencha o espaço em branco: Deus está comigo em ____________________

____

10. Releia Salmos 56:8; Mateus 10:30; Lucas 12:7; Romanos 5:8; 8:28 e Apocalipse 21:4. Qual desses versículos lhe dá sensação de descanso, paz e esperança? Por quê?

Foco da oração

Dê graças a Deus pelo descanso da alma que ele oferece por meio de Jesus. Dê graças a ele pelo sustento diário, como comida, roupa, abrigo e amigos. **Agradeça-lhe** porque sua presença permite que você permaneça firme e supere as circunstâncias difíceis deste lado da eternidade. **Peça** a Jesus que lhe ensine mais e mais a descansar em sua presença. **Conte** a ele como você se sente empolgado pelo descanso perfeito e sem dor que nos aguarda no céu.

Estudo adicional

- Leia 1Samuel 15:10-23; Isaías 1:9-20; Jeremias 7:21-28 e Amós 4:1-13. Essas passagens indicam que Deus estava descontente com as pessoas que guardavam o Shabat e comemoravam outras datas especiais por motivos errados — e chegou a comparar seu povo escolhido aos pagãos idólatras, persistindo no pecado sem se arrepender, mas aparentando dedicação religiosa.

  Sem comentários!

- Leia Isaías 56:1-8. O Shabat não foi projetado como meio de atrair a atenção de Deus ou de ganhar sua aprovação. Ao contrário, era um meio de fazer o povo de Deus lembrar que ele os criou e de demonstrar sua dependência dele. Isaías observou que o convite para esse tipo de dependência de fé — uma dependência expressa pela guarda do Shabat — não se destinava apenas à nação israelita do AT, mas a todos os que depositassem sua confiança no Senhor.

- Leia Atos 20:7; 1Coríntios 16:1-2; Mateus 28:1-10; Marcos 16:1-8; Lucas 24:1-12 e João 20:1-19. Sábado, o sétimo dia da semana e o dia judaico de adoração praticado por Jesus e seus seguidores, continua a ser o dia de adoração para o judaísmo e para algumas poucas ramificações do cristianismo. No entanto, a maioria dos cristãos reserva o domingo, o primeiro dia da semana, como dia primordial de descanso do trabalho e se reúne para adorar a Deus em conjunto.

Isso significa que algo muito importante deve ter acontecido para que um grupo de judeus preocupados com a religião mudasse a forma de observar um dos dez mandamentos mais importantes de todo o seu sistema de crença. #domingodaressurreição

Aposto que você não sabia que, ao adorar em conjunto aos domingos, os cristãos comemoram a Páscoa todas as semanas. #eleressuscitou

"Pois eu sou o Senhor,
o seu Deus,
o Santo de Israel,
o seu Salvador.
Dou o Egito como
resgate para livrá-lo;
em teu lugar,
dou Cuxe e Sebá.
Visto que você é precioso
e honrado aos meus olhos,
e porque eu o amo,
darei homens em seu lugar
e nações em troca
da sua vida."

Isaías 43:3-4

Terceira lição

O que significa ser escolhido?

VOCÊ É AMADO

CRIANÇA nº 4: Onde você estava ontem?

JESUS: Eu tive de ficar na cidade até mais tarde; uma mulher precisava da minha ajuda.

CRIANÇA nº 3: Você construiu alguma coisa para ela?

JESUS: Não... você se lembra de quando eu disse que tenho um trabalho que é maior que o meu ofício? Uma mulher estava sofrendo muita dor na vida, e ela estava com problemas, e eu a ajudei.

JOSUÉ: Ela é sua amiga?

JESUS: Agora é. E eu a escolhi e escolhi junto com outras pessoas, e logo elas vão viajar comigo.

ABIGAIL: Elas conhecem você?

JESUS: Ainda não.

CRIANÇA nº 1: E se elas não gostarem de você?

JESUS *(rindo)*: Muitas não vão gostar. É por isso que estou aqui.

ABIGAIL: Ainda não entendi. Por que você está aqui?

(Jesus para um pouco. As crianças inclinam o corpo para a frente enquanto ele fala calmamente, mas com firmeza.)

JESUS: Estou contando isso a vocês. Apesar de serem crianças e os mais velhos que vocês conhecem tenham vivido mais, muitas vezes os adultos precisam ter a fé das crianças. E, se vocês abraçarem essa fé com muita força, logo vão entender tudo o que estou dizendo a vocês.

Mas você fez uma pergunta importante, Abigail. Por que razão eu estou aqui?

E a resposta é para todos vocês:

"O Espírito do Senhor está sobre mim, porque ele me ungiu para pregar boas-novas aos pobres. Ele me enviou para proclamar a liberdade aos presos e a recuperação da vista dos cegos, para libertar os oprimidos e proclamar o ano da graça do Senhor."

JOSUÉ: Isaías.

JESUS *(confirmando com a cabeça)*: Isaías.

Preciosos aos seus olhos

Um dos cânticos da escola dominical mais conhecidos de todos os tempos foi escrito mais de cem anos atrás, mas ele declara uma verdade sempre atual em sua letra: "Jesus ama as criancinhas, todas as crianças do mundo. Vermelhas e amarelas, pretas e brancas, elas são preciosas aos seus olhos. Jesus ama as criancinhas do mundo."

Embora o politicamente correto queira banir essas ideias, o cântico resiste até hoje porque sua mensagem soa de modo profundo, intenso e universal: somos feitos à imagem de Deus, e Deus ama o que ele fez.

Esse episódio do *The Chosen* intitula-se "Jesus ama as crianças", mas não gira apenas em torno de crianças. Quando se trata do amor de Deus, o assunto não gira em torno de nossa idade, aparência, habilidades ou qualquer outra coisa que queremos ou não expor. Gira em torno do que já é.

Somos preciosos para o nosso Criador.

Sua vez

1. O que esse lindo cântico tem em comum com Gálatas 3:28?

Contexto do AT

Na época do Antigo Testamento, o povo de Deus era às vezes descrito como filhos de Deus (Êxodo 4:22; Oseias 1:10-11; 11:1) e em algumas ocasiões Deus era referido como um pai (Isaías 63:16; 64:8; Jeremias 31:9-11) ou comparado a uma mãe (Isaías 49:13-16). Evidentemente, o ponto principal é que Deus ama seu povo escolhido do mesmo modo que os pais bondosos amam seus filhos. Os pais bondosos fazem qualquer coisa, resistem a qualquer coisa, sacrificam qualquer coisa para cuidar dos filhos. Agora multiplique por um zilhão e você terá uma ideia do amor de Deus por seu povo escolhido.

Assim como um pai vai em busca do filho rebelde, Deus foi em busca da nação de Israel repetidas vezes (1) a um alto preço, (2) a grandes distâncias e (3) com inabalável misericórdia e graça. De acordo com Isaías 43, Deus demonstrou até que ponto ele iria para trazer seu povo de volta, o que incluiu resgatar outras nações em lugar deles (fique alerta para receber mais informações sobre isso). Normalmente, a menção da palavra "Egito" traz à mente resgate e saída. O povo da época de Isaías podia olhar para trás e ver que Deus havia sido fiel o tempo todo desde o Egito até a Terra Prometida. Mas a proteção e a provisão de Deus foram mais amplas — a Cuxe e Sebá e mais além — porque Deus amava seu povo escolhido, o que explica por que ele não os abandonava.

Misericórdia:
não receber o castigo
que merecemos.

Graça:
receber um favor imerecido.

Cuxe localiza-se no nordeste da África (também chamado "Etiópia" naquela época, mas não a mesma Etiópia de hoje).

Não sabemos ao certo onde Sebá se localizava, mas provavelmente ficava em algum lugar ao longo do mar Vermelho.

Sua vez

2. Quais são as características de um pai bondoso?

3. Ter um pai não muito bondoso pode afetar negativamente a nossa maneira de ver a Deus e reagir a ele. Leia Jeremias 31:9-11 a seguir e sublinhe todas as características de Deus como um pai bondoso:

"Voltarão com choro,
e em meio a súplicas eu os trarei.
Eu os conduzirei às correntes de águas
por um caminho plano, no qual não tropeçarão,
porque eu sou Pai para Israel,
e Efraim é o meu primogênito.

"Ouçam a palavra do Senhor, ó nações,
e proclamem nas ilhas distantes:
'Aquele que dispersou Israel o reunirá e,
como pastor, vigiará o seu rebanho'.
O Senhor resgatou Jacó e o libertou das mãos
do que é mais forte do que ele." (Jeremias 31:9-11)

4. Deus acompanhou Israel de perto, apesar de sua rebelião irresponsável. Compare o que eles **mereciam receber de Deus** e o que **de fato receberam de Deus**, vez após outra.

Bem-vindos

Depois, trouxeram crianças a Jesus, para que lhes impusesse as mãos e orasse por elas, mas os discípulos os repreendiam. Então, Jesus disse: — Deixem vir a mim as crianças e não as impeçam, **pois o reino dos céus pertence aos que são semelhantes a elas.**

Mateus 19:13-14, grifo nosso

A última parte deve ter sido difícil para os que a ouviram, porque, no mundo antigo, os pais não valorizavam a infância como a valorizamos hoje. Não que os pais tivessem atitudes de desamor ou fossem utilitaristas em relação aos filhos; ao contrário, os filhos eram considerados bênçãos para os pais (Deuteronômio 28:1-6; Salmos 103:13, 127:3-5; 128:3-4; Mateus 2:16-18; João 4:46-54). Mas, no primeiro século d.C., a colaboração de uma pessoa pesava muito em seu valor, e as crianças não colaboravam muito. Embora a cultura ocidental moderna tenha prolongado a infância até os 20 anos de idade — misericórdia! —, as crianças dos tempos antigos começavam a trabalhar tão logo se mostrassem fisicamente aptas. A infância não era uma época prazerosa da vida e terminava definitivamente na puberdade, o que talvez explique por que os evangelhos não mencionem nada a respeito das experiências na infância de nossos quatro personagens principais.

Ainda assim, podemos fazer algumas suposições com base no que sabemos.

Maria Madalena era natural da cidade de Magdala, um lugar conhecido por ser tão moralmente falido que Roma decidiu destruir a cidade por sua corrupção. Quer tenha recebido uma educação judaica piedosa, quer não, Maria passou a ter uma vida devassa em razão das tragédias da vida e da influência demoníaca. Ela não se considerava preciosa a ninguém, e a maldade e o pecado dominavam sua vida.

Nicodemos, mestre entre os fariseus, provavelmente recebeu uma sólida educação judaica. Talvez fosse semelhante a outro fariseu famoso do Novo Testamento, o apóstolo Paulo, que fez esta observação: — Todos os judeus sabem como tenho vivido desde a juventude [...]. Eles me conhecem há muito tempo e podem testemunhar, se quiserem, que vivi como fariseu, de acordo com a seita mais severa da nossa religião. (Atos 26:4-5)

Parece uma verdadeira piada, não? É provável que, em qualquer evento, Nicodemos se orgulhasse de sua herança, realizações e valor em vez de se sentir amado por Deus por quem ele era.

Mateus também devia sentir-se beneficiado por ter tido uma infância com educação e ensino piedosos, o que pode ser comprovado por seu nome hebraico histórico, Levi. Mas isso não o impediu de escolher servir a Roma. Assim como outros judeus que se dispuseram a trabalhar para o inimigo, Mateus se enriqueceu por trair seus concidadãos. Sua família talvez tenha sido prejudicada por essa demonstração pública de deslealdade.

Por ter ido em busca da promessa de riqueza, Mateus renunciou a qualquer senso de ser amado por quem ele era. Contrariando o significado de seu nome ("dom de Deus"), Mateus escolheu ser pago pelo que poderia fazer.

Simão era um homem sem instrução (Atos 4:13), mas o desejo de permanecer fiel ao Deus de seus pais lhe foi inculcado desde a juventude. O orgulho de Nicodemos de suas realizações religiosas e a autossuficiência financeira de Mateus não faziam parte da personalidade de Simão — essas coisas estavam além do alcance de Simão Pedro. No entanto, pelo que sabemos do pescador que se tornou seguidor é que ele era um homem *tão* orgulhoso *quanto* autossuficiente e talvez se sentisse totalmente desconfortável com a ideia sentimental de ser amado.

Abigail e Josué são crianças fictícias criadas para a série *The Chosen*, mas baseiam-se em interações autênticas, bem como nas palavras de Jesus *sobre* as crianças: *o reino dos céus pertence aos que são semelhantes a elas*. Ao contrário da maioria dos adultos que procuravam ter contato com Jesus, as crianças sabiam que não tinham nada de valor para oferecer-lhe, a não ser amor e entusiasmo por estar ali — e Jesus as acolheu. Ele queria passar tempo com elas, abraçá-las e curá-las. *Queria* fazer isso. Jesus as aceitou, não por quem elas eram ou pelo que poderiam fazer, mas por causa de quem ele é e do que ele faz.

Sua vez

5. De acordo com Mateus 18:1-4, que qualidades as crianças tinham que devemos procurar imitar?

6. Imaginamos como foi a experiência de infância de cada um desses personagens. Com qual delas você se identifica? Com a infância triste e devastada de Maria? Com a necessidade de Nicodemos de mostrar e conquistar seu valor? Com a rebelião e o isolamento de Mateus? Com a luta constante de Simão para ser autossuficiente?

7. Leia cada uma das histórias verdadeiras das pessoas que se aproximaram de Jesus em Lucas 8:1-3, João 3:1-12, Mateus 9:9-13 e Lucas 5:1-11. Apesar de terem experiências de vida totalmente diferentes, o que essas quatro pessoas têm em comum? (Dica: o que elas têm em comum é a mesma coisa que elas têm em comum com as crianças.)

Jesus é o nosso protetor

É fácil entender por que as crianças são acolhidas e amadas por Jesus. As crianças não são complicadas. Elas se impressionam com o mundo ao seu redor. São graciosas, inocentes, vulneráveis e sinceras. São curiosas, esperançosas, moldáveis e ingênuas — diferentes de nós. Não são apáticas ou críticas, autoconfiantes, jactanciosas ou manchadas por uma vida de escolhas pecaminosas, o que significa que é muito mais difícil acreditar que somos amados por Deus da mesma forma que ele as ama. Que podemos receber seu perfeito amor.

Mas é exatamente assim que somos amados, e a evidência pode ser encontrada lá atrás, em Isaías: "[...] darei homens em seu lugar e nações em troca da sua vida." (43:4)

Resgate: soma de dinheiro ou outra forma de pagamento exigida ou paga para libertar um prisioneiro.

Os resgates são pagos para resgatar o que, de outra forma, estaria perdido. Conforme indicado por Isaías cerca de sete séculos antes da vinda de Jesus, Deus ama tanto o seu povo escolhido a ponto de resgatá-lo para si. E os resgata, custe o que custar.

> Pois sabem que não foi por meio de coisas perecíveis como prata ou ouro que vocês foram redimidos da sua maneira vazia de viver, transmitida por seus antepassados, mas pelo precioso sangue de Cristo, como de um cordeiro sem mancha e sem defeito.
>
> 1Pedro 1:18-19

Quando o pecado estava nos levando embora, Jesus tornou-se nosso resgatador. Ele veio para nos servir, para entregar sua vida em troca da nossa, para "dar a sua vida em resgate por muitos" (Marcos 10:45) e para devolver a Deus os seus escolhidos "de toda tribo, língua, povo e nação" (Apocalipse 5:9). Somos claramente amados por nosso Criador — apesar de não termos nada a oferecer —, porque ele busca, perdoa, redime e protege.

> JESUS: Eu amo passar este tempo com vocês. Vocês todos são muito especiais. E espero que os meus próximos alunos me façam as perguntas que vocês fazem e que prestem atenção às minhas respostas. Mas desconfio que eles não entendem como vocês entendem.
> *(Ele olha para Abigail.)*
> E espero que, quando esse tempo chegar, eles vão falar aos outros sobre mim como vocês falam.
> *ACAMPAMENTO (NOITE)*
> *(Jesus dá os toques finais em algo que não vemos e o coloca perto de uma pedra grande. Então, nós o vemos escrevendo alguma coisa com carvão na pedra. Ele sorri, —CORTA PARA:)*
> *CAMPO (MANHÃ)*
> *(Abigail está andando sozinha com sua boneca. Ela vira a curva para chegar ao acampamento e para no lugar. Vemos que o local está vazio. Tudo desapareceu, a não ser uma fogueira extinta. Bom, bem tudo. Ao aproximar-se, Abigail vê uma casinha de boneca simples, mas muito bem feita: lajes de pedra unidas por uma corda do primeiro século. Abigail vê o que está escrito acima e lê em voz alta.)*

> ABIGAIL: "Abigail, eu sei que você sabe ler. Você é muito especial. É para você. Eu não vim apenas para os ricos."

Sua vez

8. A fim de nos resgatar, Jesus tornou-se igual a nós. De acordo com o apóstolo Paulo em Filipenses 2:5-8, o que isso pressupõe?

9. Como você reage à ideia de que Jesus o ama tanto a ponto de (a) entregar sua própria vida em pagamento por seu pecado e (b) restaurar seu relacionamento com Deus?

10. Além de tornar-se como nós para nos resgatar, Jesus promete nos tornar semelhantes a ele — que é exatamente o que ele fez na vida de Maria, Mateus e Simão Pedro. Leia Gálatas 5:18-24 e faça uma lista das características que passam a ser nossas por meio do poder de seu Santo Espírito.

Foco da oração

Agradeça a Jesus por sacrificar-se em seu lugar a fim de levar você de volta ao seu Criador. **Peça** a Deus que o **capacite** a ter uma fé semelhante à de uma criança (não uma fé infantil) e a **confiar** que ele o protegerá durante as provações da vida. Considere o fato de **orar** as palavras de Judas 1:24-25: "Àquele que é poderoso para protegê-los de tropeçar e apresentá-los sem mácula e com grande alegria diante da sua glória, ao único Deus, o nosso Salvador, sejam glória, majestade, poder e autoridade, por meio de Jesus Cristo, o nosso Senhor, antes de todos os tempos, agora e para todo o sempre! Amém."

Estudo adicional

- O Antigo Testamento encoraja fortes relacionamentos familiares e treinamento baseado na família sobre fé em Deus. Por exemplo, na passagem que inspira a oração diária dos judeus chamada *Shemá* (recitada pelas crianças no episódio 3), Moisés lembrou os israelitas de sua responsabilidade de não apenas ensinar seus filhos sobre o relacionamento da aliança com Deus, mas também de conduzir a vida deles em torno desse relacionamento.

> — Ouça, Israel: o SENHOR, o nosso Deus, é o único SENHOR. Ame ao SENHOR, o seu Deus, com todo o seu coração, com toda a sua alma e com todas as suas forças. Que todas estas palavras que hoje lhe ordeno estejam no seu coração. Ensine-as com persistência aos seus filhos. Fale sobre elas quando estiver sentado em casa e quando andar pelo caminho; quando se sentar e quando se levantar. Amarre-as como sinal nas mãos e prenda-as na testa. Escreva-as nos batentes das portas da sua casa e nos seus portões. (Deuteronômio 6:4-9)

- Como mencionamos, Deus é tratado como "Pai" no Antigo Testamento (Isaías 63:16; 64:8). Jesus também tratava Deus como "Pai", mas usava a palavra mais íntima em aramaico *Aba*, que é quase equivalente à nossa palavra "papai" (Marcos 14:36). Essa forma de se referir a Deus não tinha precedentes na época de Jesus. Como Filho unigênito de Deus, Jesus tinha um relacionamento ímpar com o Pai na Trindade (João 1:14; 5:17-47; 10:22-39; 20:17); contudo, ele encoraja seus seguidores a se dirigirem a Deus como "Pai" (Mateus 6:5-15; Lucas 11:1-4) e "*Aba*" (Romanos 8:15; Gálatas 4:6).
- João 17 registra uma conversa de Jesus com o Pai pouco antes de sua prisão e crucificação. Jesus conhecia claramente a parte que desempenharia no plano da salvação e que ele logo seria chamado de volta ao céu, portanto orou por seus seguidores. Observe que ele pediu a Deus que mantivesse seus seguidores em segurança quando ele fosse embora (17:11), que os guardasse "no nome que me deste" (17:12) e que não os tirasse do mundo, mas os protegesse do Maligno (17:15). Observe também que a oração de Jesus não foi feita apenas por seus doze apóstolos ou pelos outros cristãos do primeiro século; Jesus incluiu todos os que se tornariam cristãos por meio do testemunho daqueles primeiros seguidores (17:20). Isso significa que somos mencionados na Bíblia (!) e que Jesus orou por nós (Romanos 8:34).

Uau!

“Não tenha medo, pois eu estou
com você;
do oriente trarei os seus filhos
e do ocidente ajuntarei você.
Direi ao norte: ‘Entregue-os!’
e ao sul: ‘Não os retenha!’.
De longe tragam os meus filhos
e, dos confins da terra,
as minhas filhas;
todo aquele que é chamado
pelo meu nome,
a quem criei para
a minha glória,
a quem formei e fiz.”

Isaías 43:5-7

Quarta lição

O que significa ser escolhido?

VOCÊ MUDA A DIREÇÃO

SIMÃO: Alguns dias atrás, eu olhei nos seus olhos e disse que eu tinha... "isto". Eu menti. Sinto muito.

ÉDEN: O que você...

SIMÃO: Eu fui pescar no Shabat porque não tinha escolha. André estava devendo impostos, eu estava devendo impostos e não conseguimos pagar. Eu fiz algumas coisas das quais não me orgulho para resolver isso, mas deu tudo errado e nós estamos com problema.

ÉDEN: "Nós"? Qual é...

SIMÃO: Eu. Eu estou encrencado, mas somos "nós", porque preciso de um milagre ou posso ter sérios problemas.

ÉDEN: Simão, eu não sou criança, pare de falar por enigmas. Diga-me...

SIMÃO: Eu posso ser preso. Nós podemos perder a casa.

(Ela dá um passo para trás.)

ÉDEN: O quê?!

SIMÃO: A minha orelha foi cortada... por um soldado romano e...

ÉDEN: Simão!

SIMÃO: Se eu não pescar uma tonelada de peixes ou conseguir ajuda, eles vão me prender.

ÉDEN: Ou matar você! Eles são romanos!

SIMÃO: Agora preciso ir e...

ÉDEN: Ir aonde?

SIMÃO: Pescar. Eu preciso passar o resto da semana sem fazer nada e pescar todos os peixes que eu puder. Espero pagar esse imposto de alguma forma.

(Ela se vira para trás e se afasta com medo, revolta, tudo.)

SIMÃO *(continuando)*: É por isso que não podemos acolher a sua *Ima*, é que não...

(Ela se vira para a frente.)

ÉDEN: Ela não tem nada a ver com isso; não vou permitir que você a castigue por causa dos seus pecados!

Ima: palavra hebraica para "mãe".

SIMÃO: Éden, você não pode...

ÉDEN: Você não sabe nada do que eu posso ou não posso fazer; você vive aqui de olhos fechados! E Deus está comigo, mesmo que você não esteja.

SIMÃO: Eu sinto muito.

ÉDEN: Onde é que está a sua fé?

SIMÃO: O quê?

ÉDEN: Você me ouviu.

SIMÃO: A fé não vai me fazer pescar mais peixes.

Abra mão do controle

A maioria de nós gosta de estar no banco do motorista. Preferimos seguir o GPS no celular a esperar que alguém nos diga para que lado virar, porque gostamos de olhar para a frente. Queremos ver o que está vindo e saber exatamente quantos quilômetros temos de percorrer até o nosso destino. Queremos escolher o caminho, a faixa da estrada para rodar, o que está tocando no rádio e o *fast-food* que mais nos agrada.

Queremos estar no controle.

Incidentalmente, Deus também quer, e quando pertencemos a ele, seu modo de fazer as coisas supera o nosso. Ou, pelo menos, é assim que funciona. No episódio 4 da série *The Chosen*, intitulado "A rocha sobre a qual ele é construído", Simão Pedro está no banco do motorista — ou em um barco pesqueiro, ocupando a posição de piloto.

E a situação não está boa.

Sua vez

1. Em qual área de sua vida você acha mais difícil abrir mão do controle (relacionamentos, emprego, planos para sua vida)? O que Tiago 4:13-15 recomenda?

Contexto do AT

Como já estudamos, Israel era a nação escolhida de Deus, mas não porque Israel fosse uma nação admirável. Ao contrário. Apesar de ser um povo escolhido, preservado, protegido, guiado, amado e separado desde o início dos tempos, eles insistiam em desobedecer a Deus e rejeitá-lo. Israel foi escolhido porque seu Criador queria mostrar seu amor e sua soberania por meio deles; foram escolhidos em razão da grandiosidade de Deus, não deles. No entanto, apesar da graça que Deus lhes concedeu, a nação pecou e provocou uma guerra civil, o que resultou em duas nações em vez de uma: Israel, o Reino do Norte, e Judá, o Reino do Sul. Os dois reinos foram infiéis e não seguiram Deus, apesar de Judá conseguir ter um punhado de reis que obedeceram a Deus, mas não muito. Com seus líderes esporadicamente fiéis, Judá colheu esporadicamente os frutos da desobediência — Deus continuou a ser condescendente com seu povo, provando repetidas vezes sua fidelidade e misericórdia perfeitas.

Então, veio o rei Acaz, que estragou tudo, como só um rei é capaz de fazer. (Viu o que fizemos lá?)

Acaz tornou-se rei de Judá por volta de 735 a.C., poucos anos depois que Isaías começou seu ministério. Os quatro reis que o precederam seguiram Deus, mas Acaz não. Ele adorava deuses estranhos, construía ídolos e altares em homenagem a eles e chegou a queimar o próprio filho como oferta. Então, Israel e a Síria formaram uma aliança contra Judá, e os deuses de Acaz não ofereceram nenhuma ajuda ou paz. "[...] o coração de Acaz e o do seu povo agitaram-se, como as árvores da floresta se agitam com o vento." (Isaías 7:2)

E com razão. Judá era um reino pequeno e, pelo que sabemos, vulnerável. Então, Deus enviou Isaías para profetizar ao rei pecador, dizendo-lhe que se arrependesse e voltasse para o único Deus verdadeiro, a fim de que o reino de Judá fosse poupado (Isaías 8:11-13). O rei, porém, não fez caso do aviso do profeta e confiou no que seus olhos podiam ver, o que resultou na ruína de seu reino. Para salvar-se dos homens, Acaz recorreu aos homens. Pediu ajuda à Assíria e a subornou para que lutasse em seu favor, e de fato a Assíria lutou ao lado de Judá. Venceram os israelitas do Norte, os levaram cativos e depois forçaram Acaz a servir como rei vassalo, submisso à Assíria, custando-lhe a liberdade que ele procurou proteger.

Bem feito, Acaz!

Felizmente, a fidelidade de Deus não cessou com a desobediência de Acaz e sua morte. A promessa de Deus de unir de novo a nação de Israel e trazê-la de volta para ele — para corrigir seu rumo que a levaria à destruição — seria cumprida não apenas ao trazer o povo de volta da Assíria, mas também da Babilônia; a promessa de Deus de reunir seus escolhidos seria por fim cumprida na vinda do Messias.

Sua vez

2. O rei tolo de Judá queria manter seu senso de controle, mas Deus já estava (e ainda está) no controle de tudo e de todos. Isso levanta a seguinte pergunta: o que você acha que teria acontecido com a conspiração da Síria e de Israel contra Judá se o rei Acaz tivesse recorrido ao único Rei verdadeiro?

3. Em Isaías 43:5, Deus disse: "Não tenha medo, pois eu estou com você" — o que faz sentido, por todos os motivos que temos estudado (Deus é nosso Resgatador, nosso Provedor, nosso Protetor). Mas, em Isaías 8:11-13, a quem Deus disse a Isaías que *devemos* temer?

4. Leia Deuteronômio 10:20—11:7. Explique com suas palavras os motivos que Moisés apresentou para que Israel servisse a Deus com reverência e temor.

Eu era... Mas Deus... E agora

A mensagem de Deus ao rei Acaz foi a mesma que ele tinha dado a Israel repetidas vezes: arrependa-se e volte. Mas a maioria do povo não fez isso e perdeu o direito de ter a presença de Deus e a proteção que a acompanhava. No primeiro século d.C., Roma havia assumido o comando da maior parte do mundo conhecido, inclusive a Terra Prometida. Em vez de ser levada à força ao exílio, a nação de Israel foi invadida e ocupada, o que significou que, mesmo sem sair de sua terra natal, os judeus mais uma vez sofreram sob um poder estrangeiro.

Não é de admirar que eles estivessem desesperados por um Salvador — alguém que os resgatasse e restaurasse sua liberdade, seu modo de vida, sua esperança. Eles esperavam o Messias profetizado, e o povo todo imaginava que ele derrotaria Roma e estabeleceria seu reino, mas estavam enganados. Jesus não veio para salvar os judeus de sua escravidão política. Ele veio para salvar todos nós da escravidão do pecado.

Infelizmente, como Israel, a maioria de nós prefere ser resgatada de nossos problemas a ter de lidar com nosso pecado. Mas nosso maior problema *é* o nosso pecado, e nós o escolhemos em vez de escolher Deus. Consequentemente, é o pecado que ocupa o banco do motorista em nossa vida, não nós. Em nossa tolice, prendemos o cinto de segurança, dizemos a nós mesmos que estamos no controle da direção e depois culpamos Deus quando caímos em um buraco.

A verdade é que pertencer a Deus não significa receber sua ajuda, provisão e proteção sempre que queremos. Significa arrepender e voltar para o nosso Criador e único Rei verdadeiro — aquele que sabe tudo, controla tudo. "Sabemos que todas as coisas contribuem juntamente para o bem de todos aqueles que amam a Deus, dos que foram chamados de acordo com o seu propósito." (Romanos 8:28.) Quando nos arrependemos e voltamos para ele, nossa vida muda e passamos a ser as pessoas que ele pretendeu que fôssemos — assim como nossos irmãos e irmãs do Novo Testamento. Pois a mudança experimentada pelos seguidores de Jesus — quer tenha vivido, no primeiro século, quer no século 21 — pode ser resumida desta forma: Eu era. Mas Deus. E agora.

Maria Madalena era uma mulher destruída e dominada pelo mal, isolada, rejeitada e envergonhada por ser quem ela era. **Mas Deus** a resgatou, a aceitou e a restaurou. **E agora** ela é lembrada por estar entre as pessoas que seguiram fielmente Jesus — chegando a sustentar financeiramente seu ministério — e a primeira pessoa a quem ele se revelou após a ressurreição.

> "Aquilo que aconteceu no meio era ele."

Nicodemos era egocêntrico, orgulhoso e confiante em sua capacidade de liderar. **Mas Deus** deu-lhe uma lição de humildade e foi paciente com suas perguntas, até com sua falta de fé. **E agora** ele é lembrado por ter ido até Jesus para buscar respostas, o que o deixou muito mais perto de realmente recebê-las.

Mateus era rebelde, vivia isolado e odiava trabalhar para o inimigo. **Mas Deus** foi buscá-lo, chamou-o para segui-lo e recebeu-o em sua família. **E agora** ele é lembrado por servir a Jesus, ser um dos doze apóstolos e escrever o primeiro livro do Novo Testamento.

Simão era autossuficiente, impetuoso e impulsivo — "semelhante à onda do mar, levada e agitada pelo vento" (Tiago 1:6). **Mas Deus** lhe revelou suas limitações e chamou-o para seguir aquele que não tem nenhuma limitação (#milagredopeixe). **E agora** Simão é lembrado por ser fiel, constante e por viver de acordo com o nome que Jesus lhe deu: Pedro, que significa "Rocha".

> — [...] e sobre esta pedra edificarei a minha igreja, e as portas do Hades não poderão vencê-la. (Mateus 16:18)

Arrepender-se de nosso pecado e voltar para o nosso Criador exige mudança de direção. Por definição, seguir Jesus significa ir aonde *ele vai* e fazer o que *ele faz*, sem escolher aonde queremos ir e o que queremos fazer. Significa entregar a ele o controle que imaginamos ter — sentar no banco do passageiro e entregar as chaves a Jesus. Significa acreditar que seu caminho é melhor que o nosso. Significa confiar em que Deus nos conduzirá de modo tão fiel e amoroso quanto conduziu a nação de Israel e que, com o tempo, nos tornaremos mais semelhantes a Jesus e menos semelhantes ao que um dia fomos.

Sua vez

5. Qual é a sua história de como você foi a Jesus?

(Nota lateral: Cada fase é um processo, por isso não se sinta constrangido se a sua história ainda está se desenrolando.)

Eu era __________________________________.

Mas Deus __________________________________.

E agora __________________________________.

6. Leia Lucas 5:1-11. O momento em que Simão percebeu que era completamente indigno de estar na presença de Jesus e também o momento em que ele deixou tudo para trás a fim de seguir Jesus e permanecer em sua presença. Explique a correlação.

7. Seguir Jesus significa entregar-se a ele. O que as palavras "entrega" e (até mesmo a mais controversa) "submissão" significam para você?

Jesus é o nosso líder

A maioria de nós não gosta da palavra "submissão". Além do nosso forte desejo de estar no controle, achamos a ideia insultuosa, às vezes até degradante. Mas simplesmente não é possível manter o controle e seguir ao mesmo tempo — e seguir Jesus exige relacionar-se com ele.

> Tendo [Jesus] acabado de falar, disse a Simão:
>
> — Vá para onde as águas são mais fundas, e lancem as redes para a pesca.
>
> Simão respondeu:
>
> — Mestre, trabalhamos muito a noite inteira e não pegamos nada. Mas, porque és tu quem está dizendo isto, vou lançar as redes.
>
> Quando o fizeram, pegaram tal quantidade de peixes que as redes começaram a se romper. Então, fizeram sinais aos seus companheiros no outro barco para que viessem ajudá-los. Eles vieram e encheram ambos os barcos, a ponto de começarem a afundar.
>
> Quando Simão Pedro viu isso, ajoelhou-se aos pés de Jesus e disse:
>
> — Afasta-te de mim, Senhor, porque sou um homem pecador!
>
> [...]
>
> Jesus disse a Simão:
>
> — Não tenha medo; de agora em diante, você será pescador de homens.
>
> Eles, então, arrastaram os seus barcos para a praia, deixaram tudo e o seguiram. (Lucas 5:4-8,10-11, grifo nosso)

Deixar tudo para trás foi uma ação quase literal para aqueles homens; o meio de subsistência deles dependia 100% de seus barcos e equipamentos de pesca, sem mencionar o tempo que passavam sobre a água. Mas, quando se deu conta de que Jesus era o Messias prometido, Simão Pedro rapidamente se rendeu a ele. As noções anteriores de controle desapareceram e foram substituídas por respeito e desejo de servir àquele que estava *realmente* no controle. E então Simão tomou a única atitude lógica...

Senhor: alguém com poder e autoridade sobre outra pessoa; Amo, Soberano.

Submeteu-se a Jesus e chamou-o de "Senhor".

> SIMÃO: Meu irmão, e o batizador... eles... O senhor é o Cordeiro de Deus?
>
> JESUS: Eu sou.
>
> SIMÃO: Afaste-se de mim; sou pecador. O senhor não sabe quem eu sou, as coisas que tenho feito.
>
> JESUS: Não tenha medo, Simão.
>
> SIMÃO: Sinto muito, estamos esperando pelo senhor há muito tempo, acreditamos, mas minha fé... sinto muito.
>
> JESUS: Levante a cabeça, pescador.
>
> SIMÃO: O que o senhor quer de mim? Faço qualquer coisa que o senhor pedir.
>
> JESUS: Siga-me.
>
> *(Simão olha nos olhos de Jesus e vê algo neles que nunca viu antes. E fica paralisado.)*
>
> SIMÃO: Sim.

Sua vez

8. Explique com suas palavras por que a salvação pela fé em Jesus é gratuita, mas seguir Jesus nos custa tudo.

9. Leia Mateus 7:21-23, onde Jesus afirmou claramente que nem todos os que dizem conhecê-lo o conhecem verdadeiramente. Qual é a evidência do verdadeiro seguidor? (Dica: releia a segunda metade do versículo 21.)

10. Que área de sua vida você precisa abandonar para seguir Jesus com mais fidelidade?

Foco da oração

Se você nunca se submeteu a Jesus como Senhor, **faça** isso hoje; você pode até **dizer** as palavras que Simão Pedro disse. Se já é seguidor de Jesus, **agradeça**-lhe mais uma vez por ter morrido por seus pecados, por ressuscitá-lo para uma nova vida nele e por conduzi-lo com fidelidade e paciência. **Peça** a ele que lhe dê direção específica para as decisões que você tem de tomar e para o caminho que precisa seguir. **Ore** pedindo humildade e **determinação** para continuar a segui-lo.

Estudo adicional

- Os especialistas observam com frequência uma mudança significativa da coleção de profecias em Isaías 1—39 (com tom mais sombrio) para as que constam em Isaías 40—66 (com tom mais esperançoso). Na verdade, alguns especialistas insistem em que as mudanças são tão grandes que as duas metades do livro talvez não tenham sido escritas pelo mesmo homem — mas não concordamos com isso. Afinal, uma pessoa pode ter uma ampla variedade de experiências, e a mudança de tom em Isaías ilustra simplesmente como Deus costuma mudar a direção da vida de seus seguidores.

- A palavra usada na versão grega antiga de Isaías 43:5 para "ajuntar" é a mesma usada no Novo Testamento para reunir pessoas — e também colheitas e peixes. Em Mateus 13:47, Jesus disse: "O reino dos céus é ainda como uma rede que é lançada ao mar e apanha toda sorte de peixes." Portanto, Jesus comparou os peixes às pessoas, separando aqueles que são justos (por terem tido um encontro com ele) dos que não o são (Mateus 13:1-52; observe a parábola do semeador que Jesus contou quando estava em um barco em 13:1-23; e em 13:14-15 Jesus citou Isaías 6:9-10).
- Os judeus do primeiro século estavam esperando o cumprimento específico da predição de Moisés de que Deus enviaria um novo profeta como ele para o povo seguir (Deuteronômio 18:15-19) em referências a "o Profeta" (João 1:21,25: 6;14; 7:40) e a "aquele que haveria de vir" (Lucas 7:18-35; Mateus 11:2-19). De posse de todas essas informações, leia a conversa que Jesus teve no monte com Moisés e Elias em Lucas 9:28-36. Preste atenção nas várias referências ao êxodo do AT na maneira em que Lucas contou a história a fim de mostrar que Jesus é o líder do novo êxodo.

Fato curioso: a palavra para "partida" que Jesus lideraria (Lucas 9:31) é literalmente a palavra grega para "êxodo" (ἔξοδος). E então Jesus esclareceu tudo quando disse: "Porque, se cressem em Moisés, creriam em mim; pois ele escreveu a meu respeito." (João 5:46)

Fim de papo. A Bíblia não tem mais nada a dizer.

Traga o povo que tem olhos,
mas é cego, que tem ouvidos,
mas é surdo.
Todas as nações se reúnem,
e os povos se ajuntam.
Quem dentre eles predisse isso
e anunciou as coisas passadas?
Que façam entrar as
suas testemunhas,
para provarem que estavam certos,
para que outros ouçam
e digam: "É verdade".
"Vocês são as minhas testemunhas",
declara o SENHOR,
"e o meu servo, a quem escolhi,
para que vocês saibam,
creiam em mim
e entendam que eu sou Deus.
Antes de mim nenhum deus se formou,
nem haverá outro depois de mim."

Isaías 43:8-10

Quinta lição

O que significa ser escolhido

VOCÊ É UMA TESTEMUNHA

Testemunhar: ver, ouvir ou saber por meio de experiência pessoal; testificar, apresentar ou oferecer evidência de alguma coisa.

JOÃO BATISTA: Pensei que você estivesse aqui para perguntar sobre os milagres.

NICODEMOS: Mas primeiro eu queria lhe contar de um milagre que vi, mas não entendi.

JOÃO BATISTA: E depois fazer acusações.

NICODEMOS: Isso não faz sentido. É claro que você não é um louco furioso, mas é um pouco irracional.

JOÃO BATISTA: Você me colocou na prisão e depois me acusa de ser grosseiro?

NICODEMOS: Eu não sou seu carcereiro. Você não entende? Esta é uma cela romana. Vim falar com o diretor do presídio para ajudar você.

JOÃO BATISTA: Para me ajudar? Por que você está aqui, velho?

NICODEMOS: O motivo oficial? Você é cidadão judeu. Se infringiu a lei judaica, isso é um precedente perigoso para permitir que Roma julgue você.

JOÃO BATISTA: E o motivo verdadeiro?

(Nicodemos volta a sentar-se no banquinho, mostrando-se pensativo.)

NICODEMOS: A verdade? Estou bem longe de casa, procurando em lugares onde nunca estive, porque estou procurando uma explicação para uma coisa que não posso deixar de ver.

Olhos cegos

Há muitas coisas que nos chamam a atenção. Estabelecemos metas e planos para daqui a cinco anos, opiniões e filiações políticas, necessidades e responsabilidades, relacionamentos e reputação a manter e modos específicos para que nossa vida se desenrole. Mas o que priorizamos e buscamos tende também a ser onde pomos nossa esperança — esperança por felicidade, estabilidade, integridade e coisas do gênero.

Acontece que não há nada novo debaixo do sol, porque as pessoas da época de Jesus também tinham a tendência de pôr a esperança em lugar errado. No episódio 5 da série *The Chosen*, intitulado "O presente de casamento", os pais esperam que a união beneficie seus filhos e uma comemoração que garanta sua posição na comunidade. Os recém-casados esperam ter uma vida feliz e saudável juntos, repleta de amor, filhos e sonhos realizados. Os discípulos esperam que Jesus interrompa a festa para fazer sua estreia messiânica e acelerar a emancipação deles de Roma. E os convidados esperam que a festa seja realmente boa.

E não há nada de errado com qualquer uma dessas esperanças.

Exceto quando uma delas se intromete em nossa capacidade de enxergar. E faz isso.

Sua vez

1. Quais são suas principais prioridades na vida? Isto é, você gasta a maior parte do seu tempo e de sua energia buscando o quê? (Nada de resposta de "escola dominical", por favor — seja sincero.)

Contexto do AT

Passamos parte do tempo falando sobre a saída do povo escolhido de Deus do Egito, mas os milagres não começaram ali. Antes de Moisés encontrar coragem para entrar na sala do trono do faraó e exigir a libertação dos israelitas, Deus teve um encontro com ele no deserto.

> Moisés pastoreava o rebanho do sogro, Jetro, que era sacerdote de Midiã. Um dia, levou o rebanho para o outro lado do deserto [...]. Ali o anjo do SENHOR lhe apareceu em uma chama de fogo que saía do meio de uma sarça. Moisés viu que, embora a sarça estivesse em chamas, não era consumida pelo fogo. Moisés, então, pensou: "Vou me aproximar para ver essa coisa impressionante! Por que a sarça não se queima?".
>
> Quando o SENHOR viu que ele se aproximava para observar, Deus o chamou do meio da sarça:
>
> — Moisés, Moisés!
>
> — Aqui estou! — ele respondeu.
>
> Então, Deus disse:
>
> — Não se aproxime. Tire as sandálias dos pés, pois o lugar em que você está é terra santa.
>
> Disse mais:
>
> — Eu sou o Deus do seu pai, o Deus de Abraão, o Deus de Isaque, o Deus de Jacó.
>
> Então, Moisés cobriu o rosto, pois teve medo de olhar para Deus.
>
> O SENHOR disse:
>
> — Tenho visto claramente a opressão sobre o meu povo no Egito e escutado o seu clamor por causa dos seus feitores, pois me preocupo com o sofrimento deles. Por isso, desci para livrá-los das mãos dos egípcios [...]. Portanto, agora vá; eu o envio ao faraó para tirar do Egito o meu povo, os israelitas.
>
> Moisés, porém, respondeu a Deus:

— Quem sou eu para me apresentar ao faraó e tirar os israelitas do Egito?

Deus afirmou:

— Certamente estarei com você. [...]

Moisés perguntou:

— Quando eu chegar diante dos israelitas e lhes disser: "O Deus dos seus antepassados me enviou a vocês", e eles me perguntarem: "Qual é o nome dele?", o que lhes direi?

Deus disse a Moisés:

— Eu sou o que sou [...]. (Êxodo 3:1-14)

Era uma tarefa difícil. Os faraós do Egito não eram apenas reis, mas também considerados deuses na terra. Apresentar-se diante de um faraó e exigir qualquer coisa significava receber sentença de morte. Moisés, porém, havia estado na presença do único Deus verdadeiro; era uma testemunha e não podia negar o que vira nem deixar de fazer o que lhe havia sido ordenado.

Moisés foi chamado para servir o Rei dos reis e fazer um apelo ao faraó em nome dele. "Eu sou o que sou" era o nome que Deus deu a si mesmo porque é ilimitado e porque nenhuma palavra jamais poderia descrever a plenitude de seu caráter. Deus é todo-poderoso, tudo conhece e tudo vê — o que significa que o homem que pôs Israel nas correntes estava prestes a enfrentar aquele que poderia esmagá-lo como um inseto. E foi o que ele fez.

Eu sou o que sou: esse nome divino, como é chamado, deriva das letras hebraicas equivalentes a YHWH, das quais formamos a palavra "Jeová" em nossa língua.

Vamos avançar cerca de nove séculos, quando Isaías fez um apelo à nação de Israel em nome de Deus: "'Vocês são minhas testemunhas', declara o Senhor, "e o meu servo, a quem escolhi, para que vocês saibam, creiam em mim e entendam que eu sou Deus. Antes de mim nenhum deus se formou, nem haverá outro depois de mim.'" (Isaías 43:10)

Israel havia visto repetidas vezes o poder de Deus em ação — no Egito, ao atravessar o mar Vermelho e ao entrar na Terra Prometida. Havia visto Deus reuni-los, protegê-los e sustentá-los das maneiras mais milagrosas possíveis, **mas não só por causa deles.** Como testemunhas, eles deveriam usar seu conhecimento em primeira mão para testificar o caráter e a própria existência do único Deus verdadeiro — fazer um apelo ao povo ao redor deles que estava adorando falsos deuses e acreditando em coisas que não eram verdadeiras.

Aquele foi o fim do jogo, exatamente quando Jesus realizou milagres.

Sua vez

2. Dez vezes o faraó recusou-se a libertar os israelitas. E, assim, dez vezes Deus enviou pragas sobre a terra (Êxodo 7—11). Como o faraó podia *estar cego se tinha olhos, e estar surdo, se tinha ouvidos*? (Isaías 43:8)

Profecia: poder de anunciar antecipadamente o que vai acontecer.

3. Em Isaías 43:8-10, Deus desafiou o povo a apresentar qualquer pessoa que fosse capaz de profetizar e depois apontou para os israelitas e disse: "Vocês são minhas testemunhas", porque eles *tinham* sentido e visto o poder de Deus para profetizar, realizar, conquistar e controlar. Em sua opinião, que tipo de responsabilidade acompanha aquele tipo de conhecimento?

4. Nos tempos antigos, o povo adorava deuses feitos de "madeira e de pedra, deuses feitos por mãos humanas" (Deuteronômio 4:28) e também adorava pessoas como o faraó, que afirmava ser divino (embora não fossem capazes de respaldá-las). Embora os tempos e a cultura tenham mudado, o que e quem adoramos hoje em lugar do único Deus verdadeiro?

Veja e conte

No terceiro dia, houve um casamento em Caná da Galileia. A mãe de Jesus estava ali. Jesus e os seus discípulos também haviam sido convidados para o casamento. Tendo acabado o vinho, a mãe de Jesus lhe disse: — Eles não têm mais vinho.

João 2:1-3

Na época de Jesus, o vinho era um elemento principal na maioria das refeições e indispensável em todas as comemorações. Naquele casamento, porém, o vinho acabou — uma humilhação de proporções épicas para a família do noivo que estava recebendo os convidados. A mãe de Jesus assumiu a responsabilidade de encontrá-lo e avisá-lo sobre a situação. "Eles não têm mais vinho" foram suas palavras, mas seu senso de urgência era claro — *socorro*!

Os discípulos de Jesus, recém-recrutados, viram-no quando ele instruiu os serviçais que enchessem os potes com água. Eles fizeram o que lhes foi ordenado, que incluía levar um copo de água ao encarregado da festa. A certa altura, entre o momento de encher o copo e oferecê-lo ao encarregado da festa, a água transformou-se em vinho. A festa e a reputação de seus amigos estavam salvas — e a verdadeira identidade de Jesus foi revelada diante de testemunhas (João 2:6-11).

Maria Madalena pode ter estado ou não na festa de casamento, mas, por ter sido resgatada de sete demônios, estava mais que convencida de quem Jesus era. Ela havia sido libertada da morte, por isso acompanhou Jesus até a morte dele. Ela foi, de fato, uma das poucas pessoas que estiveram com ele até o fim.

No entanto, não foi esse milagre inicial que assegurou a lealdade de Maria a Jesus; a lealdade foi aumentando à medida que ela o seguia. Maria ouvia com atenção os ensinos de Jesus, maravilhava-se com sua compaixão e passou a ser inteiramente leal àquele que curava os oprimidos e libertava os cativos. O tempo em que passou com ele, presenciando todos os milagres subsequentes, consolidou o que ela sabia: Jesus era o Filho de Deus. Portanto, Maria foi sua testemunha.

Nicodemos demonstrou lampejos de fé, mas não sabemos se ele chegou a aceitar totalmente Jesus como Senhor. A Escritura deixa claro que sua mente era aberta, porque ele pediu uma reunião secreta com Jesus e lhe fez muitas perguntas. É claro que ele não queria ser como um daqueles que "tem olhos, mas é cego, que tem ouvidos, mas é surdo" (Isaías 43:8) e confessou:

— Rabi, sabemos que ensinas da parte de Deus, pois ninguém pode realizar os sinais milagrosos que fazes se Deus não estiver com ele (João 3:2). Mas Nicodemos não chegou a conhecer e entender que Jesus é o Filho de Deus — pelo menos naquele momento — e há poucas informações a mais sobre ele na Escritura.

Algumas pessoas afirmam que a participação de Nicodemos no sepultamento de Jesus sugere que ele se tornou um cristão verdadeiro (João 19:39).

Mateus finalmente se tornou discípulo de Jesus e chegou a escrever um relato no NT como testemunha ocular, o Evangelho de Mateus. Apesar de não sabermos exatamente por que ele abandonou a coletoria no momento em que foi chamado, temos uma boa ideia com base no relato do próprio Mateus:

> Jesus entrou em um barco, atravessou o mar e foi para a sua cidade. Eis que alguns homens lhe trouxeram um paralítico deitado em uma maca. Vendo a fé que eles tinham, Jesus disse ao paralítico:
>
> — Tenha coragem, filho; os seus pecados estão perdoados.
>
> Diante disso, alguns mestres da lei disseram a si mesmos: "Este homem está blasfemando!".
>
> Como Jesus sabia os pensamentos deles, disse-lhes:
>
> — Por que pensam o que é mal no coração de vocês? O que é mais fácil dizer: "Os seus pecados estão perdoados" ou: "Levante-se e ande"? Mas, para que vocês saibam que o Filho do homem tem na terra autoridade para perdoar pecados — disse, então, ao paralítico —: Levante-se, pegue a sua maca e vá para casa.
>
> O homem se levantou e foi para casa. [...]
>
> Ao sair dali, Jesus viu um homem chamado Mateus, sentado na coletoria, e lhe disse:
>
> — Siga-me.
>
> Mateus se levantou e o seguiu. (Mateus 9:1-7,9)

Talvez Mateus tivesse testemunhado o milagre que precedeu seu chamado. Talvez tivesse acreditado que Jesus tinha poder para perdoar seus muitos pecados. Seja qual tenha sido o catalisador, os olhos e ouvidos de Mateus foram abertos. Quando chegou o momento, ele deixou tudo para seguir Jesus e tornou-se uma testemunha fiel pelo resto da vida.

Simão também acreditava no que havia visto e ouvido, e provavelmente foi um dos discípulos que participou da festa de casamento em Caná. Sem dúvida, o fato de testemunhar a água transformar-se em vinho, logo após a pesca milagrosa de todos aqueles peixes, confirmou sua fé recente de que Jesus era o Messias. Nos três anos seguintes, Simão solidificou sua lealdade a Jesus e sua disposição para levar corajosamente a mensagem de Deus de salvação até os confins da terra.

Aqui há um ponto fundamental: os seguidores de Jesus veem, creem e entendem que ele é o Filho de Deus, o Salvador do mundo. E, como Moisés, Isaías, Maria, Mateus e Simão, eles se tornam testemunhas no serviço ao único Rei verdadeiro.

Sua vez

5. Os quatro primeiros livros do Novo Testamento são relatos do primeiro século sobre os três anos de ministério de Jesus, escritos por homens que estavam vivos na época. Como essa informação muda a maneira de você os ler?

6. Ser testemunha é "ver, ouvir ou conhecer por meio de experiência pessoal". Descreva sua experiência pessoal com Jesus e use este momento para testemunhar ao seu coração sobre o que ele tem feito por você.

7. A conversa entre João Batista e Nicodemos nesse episódio dramatiza a curiosidade de Nicodemos. Ele viu coisas que não fazem sentido e investigou a fundo. Leia Provérbios 30:4 (o versículo citado por João para a pergunta de Nicodemos) e responda às perguntas que o curioso fariseu não conseguiu responder. *Quem subiu aos céus e desceu?*

Jesus é o único Rei verdadeiro

Algumas pessoas dizem que Jesus nunca afirmou ser Deus — que ele era um bom homem e um mestre eficiente, um filantropo e um exemplo que devemos seguir, mas seus seguidores acrescentaram a parte "divina".

Não é verdade. Além das testemunhas que presenciaram seus milagres (relatos ratificados e registrados por um grande número de pessoas), Jesus se identificou da mesma maneira que Deus se identificou a Moisés: "Jesus respondeu: — Em verdade lhes digo que, antes de Abraão nascer, Eu Sou! — Então, pegaram pedras para apedrejá-lo [...]." (João 8:58-59.) Não se trata da questão de Jesus afirmar ser ou não ser Deus — o contexto do AT deixa claro quem ele era, e é por isso que os religiosos queriam matá-lo.

Em vez disso, a pergunta é: *você* crê nele? E se crê, que tipo de responsabilidade acompanha esse tipo de conhecimento? Veja esta sugestão e dê uma última olhada em nosso versículo-chave: "'Vocês são as minhas testemunhas', declara o SENHOR, 'e o meu servo, a quem escolhi, para que vocês saibam, creiam em mim e entendam que eu sou Deus.'"

Como povo escolhido de Deus, devemos servir ao único Deus verdadeiro e adorar somente a ele. E então devemos testemunhar em seu nome — compartilhar com os outros o conhecimento e a experiência que temos com Deus. Declarar que nada do que fazemos pode nos salvar das consequências do pecado. Nenhum esforço ou realização, por maior que seja, pode satisfazer nossa alma. E nenhum outro relacionamento, a não ser o que temos com Jesus, pode nos levar ao reino do céu.

NICODEMOS *(virando-se para ir embora)*: Eu nunca deveria ter vindo aqui.

JOÃO BATISTA: Você passou a vida dormindo!

(Nicodemos para abruptamente, ouve sem se virar para trás.)

JOÃO BATISTA *(continuando)*: Endireite o caminho para o Rei! Ele está aqui para acordar a terra, mas algumas pessoas não querem acordar. Estão apaixonadas pelas trevas.

Eu gostaria de saber qual você vai ser.

Sua vez

8. Embora estivesse procurando a verdade, Nicodemos manteve-se resistente a ela. Quais são alguns fatores que fazem as pessoas resistirem? Em que área(s) de sua vida você está resistindo e até que ponto?

9. Leia João 10:30-33,37-39. Apesar dos sinais milagrosos que Jesus estava realizando, algumas pessoas não acreditaram nele — algumas chegaram a odiá-lo. Como o fato de saber que Jesus enfrentou reações positivas e negativas afeta sua disposição de ser uma testemunha dele?

10. Perto do final do episódio, Jesus diz a Tomé: "Venha comigo e eu lhe mostrarei uma nova maneira de contar e medir. Uma maneira diferente de ver o tempo." O que isso significa e como afeta suas prioridades?

Foco da oração

Agradeça a Deus pela Bíblia, nosso registro escrito da história e o testemunho de suas ações no mundo. Agradeça por sua intervenção em sua vida e na vida dos que o rodeiam. Agradeça por Jesus, o Filho unigênito de Deus, que se dispôs a exercer o poder e o amor de Deus na terra — não para o bem dele, mas para o nosso. **Peça** a Deus que lhe dê coragem e oportunidades para contar aos outros o que você veio a saber, acreditar e entender sobre ele.

Estudo adicional

- Isaías refere-se à cura do cego e do surdo como uma imagem do resgate poderoso de Deus. Em Isaías 43:8, a mesma linguagem figurada é usada para descrever pessoas obstinadas — aquelas que têm capacidade de ver e ouvir, mas se recusam a fazer isso. No início de seu ministério, Isaías foi advertido de que muitos israelitas se recusariam a ver o poder de Deus e a atender ao seu chamado (Isaías 6:8-10). Curiosamente, Jesus referiu-se à mesma passagem em seu ministério como advertência àqueles que se recusavam a ouvir sua mensagem (Mateus 13:10-17; Marcos 4:10-12; Lucas 8:9-10; João 9:39).

- Compare Isaías 40:3-5 com Lucas 3:1-6. João Batista aceitou seu papel de testemunha, proclamando a chegada do único Rei verdadeiro. E observou especificamente: "Não sou o Cristo. [...] Eu sou 'a voz do que clama no deserto: "Endireitem o caminho para o Senhor"'" (João 1:20,23) — usando as palavras do profeta Isaías. Também lembrou aos seus ouvintes: "Vocês mesmos são testemunhas de que eu disse: 'Eu não sou o Cristo, mas aquele que foi enviado adiante dele.' A noiva pertence ao noivo. O amigo do noivo, que está ao seu lado e o ouve, enche-se de alegria quando ouve a voz do noivo. Esta é a minha alegria, que agora se completa. É necessário que ele cresça e que eu diminua." (João 3:28-30)

"Eu, eu mesmo,
sou o Senhor,
e além de mim não há
salvador algum.
Eu revelei, salvei e anunciei;
eu, não um deus
estrangeiro no meio
de vocês.
Vocês são testemunhas
de que eu sou Deus",
declara o Senhor.
"Desde os dias mais
antigos, eu o sou.
Não há quem possa livrar
alguém da minha mão.
Agindo eu, quem
poderia revertê-lo?"

Isaías 43:11-13

Sexta lição

O que significa ser escolhido?

VOCÊ É UMA NOVA CRIAÇÃO

"Nenhum deus estrangeiro" = nenhum deus falso, nenhum outro deus, nenhum ídolo.

(Maria grita quando um homem com cabelo pegajoso e aspecto macilento, visivelmente devastado pela lepra, aproxima-se cambaleante do grupo que andava pela estrada.)

JOÃO: É um leproso! Para trás!

(Tiago e João colocam-se rapidamente entre Maria e o leproso. Tiaguinho cobre a boca com um lenço e o grupo inteiro se afasta.)

TIAGUINHO: Cubram a boca! Não respirem o ar dele!

(Com muito cuidado, João puxa uma faca grande da cintura e a levanta no ar.)

JOÃO: Não se aproxime de nós!

(Mas Jesus vai em direção ao leproso.)

JESUS: Está tudo bem, João. Tudo bem.

LEPROSO *(atirando-se desesperadamente no chão diante de Jesus)*: Por favor, por favor.

(Jesus levanta a mão para silenciar os gritos de seus seguidores que pediam cuidado.)

LEPROSO *(continuando)*: Por favor, não se afaste de mim.

JESUS: Não vou me afastar.

LEPROSO: Senhor, se quiser, pode me curar. Se quiser, eu me submeto ao senhor. Minha irmã trabalhou como serva no casamento e me contou o que o senhor pode fazer. Sei que, se quiser, pode me curar.

> *(O rosto de Jesus se contorce de compaixão. E ele engole em seco para recuperar a voz.)*
>
> JESUS: Eu quero *(esticando o braço para frente)*.
>
> Fique curado.

Transformação

Às vezes, é mais fácil ir até Jesus do que ficar com Jesus. Enfrentamos um problema grave ou uma necessidade que nos empurra até ele, mas os antigos padrões de comportamento voltam à superfície. Más influências, pensamentos equivocados, traumas no passado, desejos constantes de pecar — uma série de coisas pode voltar a aparecer, tornando difícil acreditar ser possível ter um novo modo de viver e de ser. Mas isso é possível.

No episódio 6 da série *The Chosen*, "Compaixão indescritível", um leproso se aproxima desesperadamente de Jesus pedindo ajuda. Nos tempos antigos, a lepra era uma doença gravíssima para a qual não se conhecia cura. A lepra deformava suas vítimas, produzindo caroços e também feridas semelhantes a escamas no corpo delas, podendo até levar à degeneração completa da pele e torção dos ossos. Dedos das mãos e dos pés, orelhas e nariz apodreciam às vezes, dificultando a respiração das vítimas, levando-as até à cegueira. Trabalhar todos os dias para sobreviver era uma tarefa quase impossível.

> O uso moderno da palavra lepra é geralmente limitado à hanseníase — uma infecção produzida por bactéria que, aos poucos, afeta os nervos, a pele, os olhos e o nariz, e pode levar a pessoa à perda do tato, mutilação, paralisia e cegueira. Nos tempos bíblicos, contudo, a palavra lepra incluía vários tipos diferentes de doenças da pele.

Os que suspeitavam de ter contraído a doença precisavam apresentar-se ao sacerdote, que avaliava a condição em que se encontravam e os declarava "puros" ou "impuros" — e "impuro" significava que eram considerados como mortos e banidos da cidade para evitar que a doença se alastrasse. Os leprosos eram forçados a viver em tendas ou cavernas em colônias designadas, usavam sinos para alertar sobre sua presença e tinham de gritar "Impuro! Impuro!" se alguém se aproximasse acidentalmente sem manter a devida distância. Por serem obrigados a afastar-se do lar, da família, dos amigos e de todos os confortos da vida, sua única esperança de alívio era a morte.

Correção. A morte era sua única esperança além de Jesus.

Sua vez

1. Como o leproso no episódio 6, algumas pessoas têm momentos radicais de aproximação com Jesus. Outras passam por mudanças na vida no decorrer do tempo. Seja de modo rápido, seja de modo lento, Jesus sempre transforma a vida de seus seguidores. Que mudanças ele fez em sua vida? Que coisas novas você espera que ainda cheguem?

Contexto do AT

A nação de Israel tinha um problema crônico. Vezes e mais vezes no Antigo Testamento vemos o povo clamando a Deus por ocasião de um problema grave, mas tornavam-se infiéis a ele tão logo eram resgatados. Deus, porém, continuou fiel a eles — até o ponto de reformular o processo.

> "Estão chegando os dias", declara o SENHOR, "em que farei uma nova aliança com a comunidade de Israel e com a comunidade de Judá. Não será como a aliança que fiz com os seus antepassados, quando os tomei pela mão para tirá-los da terra do Egito. Porque quebraram a minha aliança, apesar de eu ser o marido deles", declara o SENHOR. "Esta é a aliança que farei com o povo de Israel depois daqueles dias", declara o SENHOR: "Porei a minha lei no íntimo deles e a escreverei no seu coração. Serei o Deus deles, e eles serão o meu povo. [...] Porque eu lhes perdoarei a maldade e nunca mais me lembrarei dos seus pecados." (Jeremias 31:31-34, grifo nosso)

Em cada nova circunstância, Deus dava a Israel a oportunidade de ser fiel. Mas eles eram fielmente *infiéis* porque, como se vê, a humanidade é incapaz de se manter no rumo certo. Cedo ou tarde, seguimos nosso próprio caminho — nosso caminho

O ciclo do pecado

(Veja o ciclo original, p. 21)

pecaminoso, tolo, destrutivo. Lemos a história do povo escolhido do Antigo Testamento e nos espantamos com sua estupidez. *Como o povo que participou de milagres do tamanho do mar Vermelho desobedece continuamente ao Deus que os amava?*

Na realidade, **somos exatamente como eles**, porque nenhum de nós é capaz de ser bom. Não se seguirmos nosso próprio caminho e certamente não por muito tempo. Pecamos, nos arrependemos, retornamos, repetimos, o que significa que Israel era a imagem viva e palpitante da necessidade desesperada dos seres humanos por mudança.

Mudança de dentro para fora.

Sua vez

Ao longo do Antigo Testamento, Deus revelou seu plano de redenção por meio de uma série de alianças:

A aliança abraâmica	A aliança mosaica	A aliança davídica	A nova aliança
Deus prometeu a Abraão e seus descendentes que eles seriam uma grande nação, teriam uma pátria e seriam uma bênção para o mundo. Gênesis 17:1-21	Deus prometeu aos israelitas que eles participariam das bênçãos abraâmicas se amassem a Deus e ao seu próximo, guardassem sua lei e fossem seus representantes no mundo. Êxodo 19—24	Deus prometeu a Davi e à nação de Israel paz e segurança com um descendente de Davi reinando como rei para sempre. 2Samuel 7:1-29; 23:5	Deus prometeu ao seu povo vidas restauradas com sua lei internalizada no coração deles, com profundo conhecimento dele e com seus pecados perdoados. Jeremias 31:31-34; Ezequiel 36:26-27

2. As alianças abraâmica, davídica e a nova eram incondicionais. A aliança mosaica era condicional. No quadro anterior, sublinhe o que Deus exigiu dos israelitas na aliança mosaica a fim de garantir suas bênçãos.

3. Leia Jeremias 31:31-34. Na aliança mosaica, Deus escreveu sua lei — os Dez Mandamentos — em duas tábuas de pedra (Êxodo 34:1; Deuteronômio 10:1-5). Na nova aliança, Deus escreve sua lei em nosso __________.

4. Em sua opinião, por que o fracasso persistente de Israel em guardar a lei mosaica levou Deus a revelar a nova aliança, e o que isso diz a respeito do caráter de Deus?

Aliança: acordo formal, solene e aglutinador.

Incondicional: absoluto, irrestrito ou limitado.

Condicional: sujeito a exigências que devem ser cumpridas.

A aliança mosaica deixou clara a necessidade de que Jesus fizesse o que nunca poderíamos fazer por nós mesmos. Significa que a nova aliança nunca teve um plano B; sempre teve o plano A.

Jesus = plano A

De dentro para fora

Certo dia, enquanto ele ensinava, estavam sentados ali fariseus e mestres da lei [...]. Eis que alguns homens vieram trazendo um paralítico em uma maca e tentaram fazê-lo entrar na casa para posicioná-lo diante de Jesus. Não conseguindo fazer isso, por causa da multidão, subiram ao telhado e o baixaram na sua maca, através de uma abertura, até o meio da multidão, bem em frente de Jesus. Vendo a fé que eles tinham, Jesus disse: — Homem, os seus pecados estão perdoados. Os fariseus e os mestres da lei começaram a pensar: "Quem é este que blasfema? Quem pode perdoar pecados, senão somente Deus?". Como Jesus sabia o que eles estavam pensando, disse lhes: — Por que pensam essas coisas no coração de vocês? O que é mais fácil dizer: "Os seus pecados estão perdoados" ou: "Levante se e ande"? Mas, para que vocês saibam que o Filho do homem tem na terra autoridade para perdoar pecados — disse, então, ao paralítico —, eu digo a você: Levante-se, pegue a sua maca e vá para casa. Imediatamente, ele se levantou diante de todos, pegou a maca em que estivera deitado e foi para casa glorificando a Deus. (Lucas 5:17-25, grifo nosso)

As pessoas aproximavam-se de Jesus por causa dos milagres, mas os milagres não eram o ponto principal: curar o corpo demonstrava o poder e a disposição para curar o coração. Até aquele momento, os mestres da lei acreditavam no poder da lei; presumiam que obedecer aos Dez Mandamentos (e a todos os outros "façam isso" "não façam aquilo" que eles acumularam) era o meio de serem perdoados e renovados. Mas o problema de nos comportarmos de forma que alcancemos a salvação é que não conseguimos fazer isso. Não podemos *não* pecar. Com nossas próprias forças, não podemos guardar a lei — não de modo perfeito, não de modo completo, não o tempo todo. Como os israelitas, afastamo-nos do Deus que nos ama. Como os israelitas — incluindo Maria, Nicodemos, Mateus e Simão —, precisamos reformular o processo, e isso depende da bondade de Jesus, não da nossa.

Maria Madalena é a imagem primorosa de ser renovado. Era possuída pelo demônio e governada pelas trevas, o que lhe causava vergonha e isolamento. Ela não tinha nenhuma capacidade de se tornar apresentável a Deus. No entanto, em um instante, ela foi curada — seu corpo e coração foram transformados.

Nicodemos era mestre da lei, respeitado e valorizado por seu comportamento "justo" e confiante em sua própria sabedoria — pelo menos até Jesus entrar em cena. A verdade é que atingir e manter a própria retidão era um esforço exaustivo, mesmo para um fariseu. Por ter visto pessoas ao seu redor serem transformadas, Nicodemos se perguntava o tempo todo quem Jesus realmente era... embora, como Jesus disse, os milagres deixassem isso bem claro.

Mateus não foi o primeiro discípulo chamado. Talvez tivesse testemunhado o poder de Jesus — a transformação física do paralítico e as transformações interiores de pessoas como Maria e Simão. Talvez, apesar de sua aparente indiferença em relação aos outros, ele estivesse simplesmente aborrecido consigo mesmo. Talvez Mateus quisesse ser nova criação.

Simão também sentiu mudanças importantes em seu coração e em sua vida depois de ter se aproximado de Jesus, mas nem todas de uma vez. Continuamos a ver, ao longo do NT, o crescimento espiritual na vida de Simão Pedro, à medida que ele aprendia uma nova maneira de viver e de ser. Contudo, a principal diferença entre Simão e os líderes religiosos como Nicodemos foi que Simão não mais tentou ser um homem virtuoso com as próprias forças. Ao contrário, estava seguindo Jesus e dependia dele para receber orientação, sabedoria e capacidade para mantê-las. Estava permitindo que seu relacionamento com Jesus o transformasse fundamentalmente de dentro para fora.

É evidente (e também animador) que nossos irmãos e irmãs do NT estavam em níveis diferentes de crescimento em relação à fé que tinham em Jesus. De fato, a transformação ocorre lentamente em algumas pessoas e mais rápido em outras, dependendo das circunstâncias ou fase da vida. Mas Jesus é paciente com cada um de nós porque ele sabe que, quando Deus *declara, salva e proclama,* ninguém pode reverter (Isaías 43:11-13).

Sua vez

5. Para muitas pessoas, é difícil imaginar um novo começo. Mas o que Salmos 103:10-12 diz sobre a capacidade de Deus de perdoar e recomeçar?

6. Com quais de nossos quatro principais personagens você mais se identifica a respeito da sua própria transformação? Com Maria, cuja vida mudou em um instante? Com Nicodemos, que continuou resistente e cético, talvez até sem querer se submeter às mudanças que ocorrem quando decidimos seguir Jesus? Com Mateus, que era zeloso e sincero, embora um pouco lento para dar um salto de fé? Ou com Simão, que, no início, apostava tudo em si mesmo, mas que continuou a lutar à medida que crescia na fé?

7. Leia o texto a seguir, que se encontra em João 10:27-30, e sublinhe as afirmações que Jesus faz sobre (a) ele próprio e (b) a maneira com que ele cuida de seus seguidores (referidos aqui como "ovelhas"):

> — As minhas ovelhas ouvem a minha voz; eu as conheço, e elas me seguem. Eu lhes dou a vida eterna, e elas jamais perecerão; ninguém as poderá arrancar da minha mão. O meu Pai, que as deu para mim, é maior do que todos; ninguém as pode arrancar da mão do Pai. Eu e o Pai somos um.

Jesus é o nosso recriador

> Portanto, se alguém está em Cristo, é uma nova criação. As coisas antigas já passaram; eis que se fizeram novas! Tudo isso provém de Deus, que nos reconciliou consigo mesmo por meio de Cristo e [...] não levou em conta as transgressões dos homens [...]. Portanto, somos embaixadores de Cristo, e Deus faz seu apelo [ao mundo] por meio de nós. Por amor a Cristo, suplicamos: reconciliem-se com Deus. Pois foi por nossa causa que Deus tratou como pecador aquele que não tinha pecado, para que nele nos tornássemos justiça de Deus.
>
> 2Coríntios 5:17-21, grifo nosso

Jesus fez por nós o que a lei não pode fazer em nós. Significa que o Filho de Deus sem pecado guardou a lei de Moisés perfeitamente, portanto não tinha de morrer por seu pecado, pois não tinha cometido pecado algum. Ele morreu pelos *nossos* pecados, em *nosso* lugar — sofreu a consequência que merecíamos. E, assim, a lei expõe nossa necessidade desesperada de salvação que somente nos é concedida mediante a fé em Jesus, que é o cumprimento da lei, dos profetas e das alianças.

Reconciliar: restaurar amistosamente os relacionamentos pessoais; fazer coexistir em harmonia; tornar compatível.

Justiça: qualidade de ser moralmente justo ou justificável.

Mas e depois? Por intermédio de Jesus, recebemos perdão de pecados e somos reconciliados com Deus (gostaríamos de ouvir um "amém"), mas não é tudo, porque como Deus disse em Isaías 43:13: "[...] Não há quem possa livrar alguém da minha mão. Agindo eu, quem poderia revertê-lo?"

Ao contrário de Israel e do mundo inteiro, Deus é fiel para terminar o que começa — isto é, tão logo passamos a pertencer a ele, nada e ninguém pode desfazer isso. Embora as más influências, os traumas do passado e o pecado continuem, ele permanece fiel. Deus nunca nos deixa, nunca nos abandona (Deuteronômio 31:6). E ele continua a agir em nosso coração e mente enquanto o seguimos, transformando-nos de dentro para fora. Assim como foi fiel a Israel, apesar da fraqueza e dos erros deles, Deus também é fiel a qualquer um que creia naquele que ele enviou.

LEPROSO *(examinando suas mãos e braços totalmente curados, virando-se para eles maravilhado)*: Eu sabia, eu sabia, eu sabia. O que eu... o que eu posso fazer...

JESUS *(tranquilamente)*: Não diga nada a ninguém.

LEPROSO *(aturdido)*: O senhor não busca reconhecimento?

JESUS: Só me faça este favor.

LEPROSO: Mas o que eu vou dizer às pessoas?

JESUS: Vá e apresente-se ao sacerdote. Deixe que ele o examine e veja que você está purificado. Leve a oferta adequada ao templo, como Moisés ordenou. E siga o seu caminho.

(Jesus vira-se para seus seguidores.)

JESUS *(continuando)*: Quem tem uma túnica sobrando?

(Imediatamente todos os discípulos começam a vasculhar sua bolsa à procura de alguma roupa extra.)

JESUS *(continuando)*: Preciso de uma, só de uma. É o bastante.

(Tadeu aparece, tirando uma roupa extra de sua mochila.)

JESUS *(rindo enquanto coloca uma nova túnica nos ombros do leproso)*: Você fica muito bem de verde. Não parece maltrapilho.

Sua vez

8. De acordo com 2Coríntios 5:17-21, quais são algumas diferenças entre o período anterior à vinda de Jesus e o período posterior à vinda de Jesus, seja qual for nossa batalha constante com o pecado?

9. Nesse episódio, Mateus faz um comentário perspicaz: "Vitória não é simplesmente vencer nações, mas impor um novo modo de vida." Como essas palavras descrevem as pessoas que Jesus salva?

10. Sublinhe tudo o que é *declarado*, *proclamado* e *novo* em Jesus:

> Agora, porém, que a fé chegou, já não estamos sujeitos [à lei]. Todos vocês são filhos de Deus por meio da fé em Cristo Jesus, pois os que em Cristo foram batizados vestiram-se de Cristo. Não há judeu nem grego, nem escravo nem livre, nem homem nem mulher, pois todos são um em Cristo Jesus. Se vocês são de Cristo, são descendência de Abraão e herdeiros segundo a promessa. (Gálatas 3:25-29)

Foco da oração

Se você ainda está **avaliando** a evidência do amor indescritível de Jesus e ainda **não crê** nele, **peça** a Deus que o ajude a enxergar a verdade e **tomar a decisão certa.** Se **já crê** em Jesus, **agradeça**-lhe pela nova vida que ele lhe deu e peça-lhe que o ajude a **continuar no caminho certo.**

Estudo adicional

- A ideia de ser nova criação é abordada novamente em Isaías 43:18-19:

"Esqueçam o que se foi;
não vivam do passado.
Vejam, eu farei uma coisa nova!
Ela está prestes a acontecer! Vocês não a percebem? [...]."

Compare essa passagem com 2Coríntios 5:17-18, onde Paulo descreveu a nova vida em Jesus:

> Portanto, se alguém está em Cristo, é uma nova criação. As coisas antigas já passaram; eis que se fizeram novas! Tudo isso provém de Deus, que nos reconciliou consigo mesmo [...].

- Na cura do paralítico que foi descido através de uma abertura no teto (Marcos 2:1-12; Lucas 5:17-26), Jesus estabeleceu uma ligação direta de sua capacidade de perdoar as pessoas de seus pecados com sua capacidade de curar o corpo das pessoas. Compare isso com o que Deus prometeu a Israel em 2Crônicas 7:14-18. Observe os temas em comum de perdoar, curar e declarar.
- Deus às vezes cumpre suas promessas de forma contínua e crescente. Na verdade, o fato de Deus fazer coisas novas atingirá seu clímax no fim da história, como descreve o livro de Apocalipse. Lá descobrimos que o pecado será completamente eliminado e um novo céu e uma nova terra serão estabelecidos com Deus e seu povo escolhido reunidos. Em Apocalipse 21:1-5, Deus declarou novamente e pela última vez: "Vejam, eu farei novas todas as coisas!"

Assim diz o SENHOR,
o seu Redentor, o Santo
de Israel: "Por amor de vocês,
mandarei inimigos contra
a Babilônia e farei
todos os babilônios
descerem como fugitivos
nos navios de que
se orgulhavam.
Eu sou o SENHOR, o Santo
de vocês, o Criador de
Israel e o seu Rei."

Isaías 43:14-15

Sétima lição

O que significa ser escolhido?

VOCÊ ESTÁ SOBRE BASE SÓLIDA

(Mateus e sua mãe sentam-se à mesa, em um silêncio estranho, com copos de argila com água.)

MATEUS: O Alfeu vai voltar logo?

ISABEL: Ele viajou a trabalho.

MATEUS: Para onde ele foi? Ele não faz mais objetos de couro?

ISABEL: A loja dele foi roubada. Muitas já foram roubadas. A criminalidade está aumentando demais. É muito difícil reabrir.

MATEUS: Ele amava a loja.

(Mateus assimila tudo. Sentindo a dor aguda de toda a vida que perdeu.)

ISABEL: Mas ainda temos um teto para cobrir a nossa cabeça, o que é mais do que algumas pessoas podem dizer.

MATEUS: Vocês podem me pedir dinheiro se precisarem.

ISABEL: Como você pode dizer isso?

MATEUS: É muito comum. Eu já vi muitos pais totalmente dependentes dos...

ISABEL: O seu pai morreria antes de pegar o seu dinheiro sangrento.

MATEUS: Eu sei que você se envergonha de mim, mas essa decisão é irracional. Roma vai continuar a cobrar impostos, não importa o que acontecer. Eu sou habilidoso com números...

ISABEL: Você veio aqui para se justificar?

MATEUS: Não! *(Mateus levanta-se, frustrado com sua incapacidade de se comunicar.)* Tudo é como... areia numa inundação. As coisas que pensei que eram verdadeiras...

ISABEL: Você está com problema?

MATEUS: Você acha que coisas impossíveis podem acontecer? Que isso anula as leis da natureza? Que não podem ser explicadas?

ISABEL *(com os olhos brilhando ao lembrar-se de uma coisa)*: As pessoas perguntavam isso quando você era menino. Até os rabinos ficavam surpresos com o seu talento para leitura, matemática. Você pensava mais rápido que qualquer outra criança. Eles achavam que você seria importante.

MATEUS *(sinceramente)*: Importante como? Eu sou rico. Tenho uma escolta armada. O Pretor da Galileia confia em mim...

ISABEL: Nunca sonhamos que você usaria o talento que Deus lhe deu para sangrar todo o dinheiro do seu povo!

(Mateus analisa o rosto da mãe. Sabe que as palavras dela deveriam magoá-lo, mas não magoam. Seus pensamentos voltam-se imediatamente para...)

MATEUS: Mas você já viu algo milagroso?

ISABEL: Mateus...

MATEUS: Meu mundo inteiro, tudo o que eu pensei que sabia. E se estiver errado?!

ISABEL: É melhor você ir.

Areia movediça

Vivemos em um mundo imprevisível. Há tragédias naturais, ataques terroristas, acidentes de carro e câncer. E pandemias também. Embora certamente exista ordem na criação (matemática, ciências, padrões, lógica), existem também caos e complexidade. Lamentavelmente, 80% dos oceanos de nosso globo terrestre e 96% da galáxia visível além dele permanecem inexplorados — e sabemos muito menos ainda sobre nosso cérebro. Sabemos que temos um cérebro e que ele é extraordinário, mas não entendemos totalmente suas complexidades e potencial, nem como as conexões são feitas e perdidas.

A verdade é que não compreendemos tudo o que Deus fez, e certamente não podemos controlar. E isso nos assusta. Temos medo da aparente instabilidade da vida porque desejamos fortemente o oposto. Queremos saber quando nossas necessidades serão supridas. Queremos estar seguros, saudáveis e saber que teremos dinheiro suficiente para pagar as contas. Queremos pisar em chão firme. Mas no episódio 7, intitulado "Convites", o chão está balançando, e o coletor de impostos cuja vida era previsível, ordenada, limpa e controlada, está lutando para entender o que está acontecendo.

"Tudo é como areia em uma inundação..."

Coragem, Mateus. Porque todas as coisas que não conhecemos e que não podemos controlar apontam para aquele que **sabe**, que **pode controlar** e que **é**.

Sua vez

1. Embora a fé e a razão não sejam opostas, expressar fé em Deus nos convida a ir além dos níveis finitos da compreensão e controle humanos. Você é capaz de descrever uma época em que sentiu Deus convidando-o a ir além de sua capacidade?

Contexto do AT

No livro de Isaías, Deus convidou os israelitas antigos a ter uma vida de fé, mas eles se recusaram. Portanto, em 722 a.C., o Reino do Norte (também conhecido como Israel ou Efraim) foi derrotado e levado para o exílio pela Assíria. Deus poupou misericordiosamente o Reino do Sul (também conhecido como Judá), mas advertiu que, se eles continuassem a se rebelar contra ele, as consequências seriam semelhantes. Evidentemente, eles persistiram em seus caminhos pecaminosos, e Deus cumpriu o que disse.

> Chamar os babilônios de "caldeus" é mais ou menos o mesmo que chamar de "cariocas" os que moram na cidade do Rio de Janeiro e de "gaúchos" os que moram no Rio Grande do Sul.

A potência mundial em ascensão conhecida como Império Babilônico (cuja capital era Babilônia e cujos cidadãos eram chamados às vezes de "caldeus") derrotou o Reino do Sul e tirou os israelitas de sua terra natal, levando-os em ondas de deportações (c. 605-586 a.C.). A consequência chegou mais ou menos um século *depois* da advertência inicial de Isaías, mas incluiu a promessa de Deus de resgatá-los.

Isaías 13:1—14:23 menciona também o julgamento de Deus sobre a Babilônia e o resgate de seu povo de lá.

Isaías 47 menciona a humilhação sofrida pelos babilônios/caldeus em razão de seu orgulho, autoconfiança e maldade implacável (veja também Jeremias 50—51).

E agora somos todos incluídos, porque a mensagem apresentada em Isaías 43:14-15 é muito específica: os caldeus derrotariam o povo de Deus e depois se tornariam fugitivos deles próprios. A sensação de segurança babilônica originava-se de seu grande sucesso de seu transporte comercial marítimo (os "navios de que se orgulhavam"), mas não tinham poder nenhum diante do Criador dos mares.

Sua vez

2. Em sua opinião, por que Deus usou povos iníquos (como os babilônios) para castigar outros povos iníquos (como haviam sido os israelitas)?

Estabelecer: colocar sobre uma base firme ou permanente.

3. O pecado dos israelitas causou sua destruição. Deus, porém, escolheu redimi-los de novo, chegando a anunciar seu plano de resgate por meio de Isaías com mais de cem anos de antecedência! O que isso indica a respeito da determinação de Deus de estabelecer Israel como seu povo?

4. Em Isaías 43:15, Deus se descreveu com quatro adjetivos: "Eu sou o SENHOR, o Santo de vocês, o Criador de Israel e o seu Rei." Quais são as implicações de cada adjetivo?

Areia ou pedra

A nação de Israel fez o que todos nós fazemos — tentaram se estabelecer *por conta própria*. Significa que tentaram garantir a vida que queriam por meio das forças, dos padrões e do tempo deles, o que apenas lhes garantiu uma enorme queda. Jesus disse:

> — Portanto, quem ouve estas minhas palavras e as pratica é como o homem prudente que construiu a sua casa sobre a rocha. Caiu a chuva, transbordaram os rios, sopraram os ventos e deram contra aquela casa, mas ela não caiu, porque estava alicerçada na rocha. No entanto, quem ouve estas minhas palavras e não as pratica é como o insensato que construiu a sua casa sobre a areia. Caiu a chuva, transbordaram os rios, sopraram os ventos e deram contra aquela casa. Ela caiu, e foi grande a sua queda.
>
> Mateus 7:24-27

O mundo de **Maria Madalena** estava transbordando até o momento em que Jesus a segurou e a colocou sobre a Rocha — e foi quando ela começou a sentir paz e propósitos enraizados profundamente pela primeira vez na vida. Ao seguir Jesus, ela tornou-se cada vez mais segura de seu amor e aceitação, sentindo pela primeira vez que nele há cura para feridas do passado, estabilidade em qualquer circunstância e esperança de um futuro no céu.

Nicodemos sentiu sua vida transbordar, mas não estava pronto para renunciar ao seu terreno de areia. (Pelo menos é o que imaginamos.) Estava alerta, aguardando a chegada da redenção prometida por Deus, mas tinha dificuldade de abandonar suas noções preconcebidas de como isso aconteceria — e do que ele teria de abrir mão. Portanto, ele decidiu, pelo menos por enquanto, levar a vida de acordo com seus padrões e com as próprias forças.

> "É verdade, há muita coisa para você abandonar. Mas o que você vai ganhar é muito maior e muito mais duradouro."

Mateus trocou, por fim, sua propriedade transbordante à beira-mar por solo sagrado porque, ao contrário de Nicodemos (ou pelo menos *mais rápido* que Nicodemos), ele chegou à conclusão de que Jesus era de fato o Redentor que o povo aguardava. E, pode acreditar, Mateus precisava de um Redentor. Em vez de continuar a confiar em dinheiro, poder e posição para ter segurança, Mateus seguiu Jesus.

Simão Pedro permaneceu firme sobre a Rocha. Quando Jesus entrou em cena, Simão estava pesaroso, mas ciente de que não conseguiria alcançar ou manter a estabilidade. Havia esgotado seus recursos e estava desesperado, e foi por isso que aceitou um novo modo de vida fundamentado naquele que nunca muda, nunca falha e nunca se cansa. E Jesus assim definiu Pedro: "E eu digo que você é Pedro, e sobre esta pedra edificarei a minha igreja, e as portas do Hades não poderão vencê-la." (Mateus 16:18)

Sua vez

5. De que maneira você construiu sua casa na areia? Veja bem, mesmo depois de tomarmos a decisão de seguir Jesus, ainda somos capazes de morar na areia.

6. Quando luta com sua decisão de seguir Jesus no episódio 7, Nicodemos cita Salmos 2:12: "Beijem o filho, para que ele não se ire e vocês não sejam destruídos pelo caminho [...]." De fato, morrer em meio ao pecado, em meio a *não* conhecer Jesus e *não* estar firmado nele, seria trágico. Mas Jesus responde a Nicodemos com o restante do salmo: "[...] Bem-aventurados todos os que nele se refugiam."

Em sua opinião, o que significa "refugiar-se" em Jesus e como essa palavra se relaciona com seu ensinamento de que devemos construir nossa vida sobre a Rocha?

7. Simão era cético (um eufemismo) quanto a Mateus se tornar seguidor de Jesus. Você já foi como Simão, achando que tem o direito ou a responsabilidade de julgar outros seguidores de Jesus?

Jesus é nosso verdadeiro alicerce

Jesus não promete que não teremos nenhuma tempestade se o seguirmos. Ao contrário, ele diz que, *quando* as tempestades chegam, seus seguidores não caem porque estão firmados nele.

O que isso significa?

- O Espírito Santo vive em nós. Pense nisso! Deus passa a residir em nosso coração e em nossa mente, o que significa que nunca estamos sem sua presença, poder, amor, recursos ou sabedoria. "E eu pedirei ao Pai, e ele dará a vocês outro Conselheiro, que esteja com vocês para sempre: o Espírito da verdade. O mundo não pode recebê-lo, porque não o vê nem o conhece. Vocês, porém, o conhecem, pois ele vive com vocês e estará com vocês." (João 14:16-17)

- **Nossas necessidades serão supridas.** Quando nossa vida é construída sobre o seguro alicerce de Jesus Cristo, podemos confiar em que ele supre o que necessitamos. "Portanto, não se preocupem, dizendo: 'O que comeremos?', 'O que beberemos?' ou 'O que vestiremos?'. Pois os gentios é que correm atrás dessas coisas, mas o Pai celestial de vocês sabe que precisam delas. Busquem, pois, em primeiro lugar o reino de Deus e a sua justiça, e todas essas coisas serão acrescentadas a vocês." (Mateus 6:31-33)
- **Deus realizará seus propósitos.** Seja o que for que aconteça em nossa vida ou no mundo ao nosso redor, Deus permanece no controle. Assim como usou os babilônios para concretizar seu plano, ele também continua a agir em todas as coisas para o bem de seu reino e de seu povo escolhido. "Lembrem-se disso, gravem-no na mente, considerem seriamente no íntimo, ó rebeldes. Lembrem-se das coisas passadas, das coisas muito antigas! Eu sou Deus, e não há outro: eu sou Deus, e não há outro como eu. Desde o início, faço conhecido o fim; desde os tempos remotos, o que ainda virá. Eu digo: 'O meu propósito permanecerá em pé, e farei tudo o que me agrada'. Do oriente convoco uma ave de rapina; de uma terra bem distante, um homem para cumprir o meu propósito. O que eu disse, isso farei acontecer; o que planejei, isso farei." (Isaías 46:8-11)

E estamos apenas arranhando a superfície.

A estabilidade e a segurança que muito desejamos não provêm de dinheiro, relacionamentos, boa saúde ou de sonhos concretizados, porque tudo isso vai e vem como as marés. Não podemos simplesmente contar com as coisas externas para receber a paz e a confiança que vêm quando nosso alicerce é seguro. Jesus *é* esse alicerce seguro — o Criador no controle de tudo e aquele que promete nunca nos deixar, nos abandonar ou falhar conosco. Isso não significa que a vida sempre transcorrerá da maneira que queremos. Em sua sabedoria, Deus às vezes permite situações difíceis.

Mas não significa que, pelo fato de ser soberano e bom, Deus usará *todas as coisas* para o nosso bem e sua glória. Ele nos manterá em pé durante a tempestade.

> JESUS: Mateus, filho de Alfeu.
>
> *(Mateus inclina-se em direção à luz. Olha firme nos olhos de Jesus.)*
>
> MATEUS: Sim?
>
> JESUS: Siga-me.
>
> MATEUS *(registrando a ordem)*: Eu?
>
> JESUS *(ri)*: Sim, você.
>
> SIMÃO *(aproximando-se de Jesus)*: Alto lá. O que o senhor está fazendo?
>
> MATEUS: Quer que EU siga você?
>
> GAIO *(dando meio passo à frente)*: Continue andando, pregador de rua.
>
> *(Jesus continua a olhar firme para Mateus, sorrindo.)*
>
> SIMÃO: Tem ideia do que esse rapaz faz? O senhor o conhece?
>
> *(Mateus olha para Jesus, curioso para saber a resposta.)*
>
> JESUS *(continuando a olhar firme para ele)*: Sim.
>
> *(Em um instante, o fardo, a confusão, a culpa de Mateus... todas essas coisas desaparecem. Ele parece sinceramente feliz. Ajunta suas coisas.)*
>
> GAIO: Escute...
>
> *(Gaio é interrompido pelo som da porta lateral sendo destrancada por Mateus. Mateus sai da cabina, com a tabuinha embaixo do braço.)*
>
> GAIO *(continuando)*: O que você está fazendo?
>
> *(Mateus tranca a porta do lado de fora e entrega a chave a Gaio. Gaio agarra-o pela roupa, empurrando-o de volta.)*
>
> GAIO *(continuando):* Aonde você pensa que vai?
>
> MATEUS: Deixe-me ir, Gaio.
>
> GAIO: Você perdeu a cabeça? Você tem dinheiro. Quintus protege você. Nenhum judeu vive tão bem quanto você. Vai jogar tudo fora?
>
> MATEUS *(livrando-se dele e sorrindo)*: Sim.

Sua vez

8. Quais são as tempestades da sua vida?

9. Leia Colossenses 2:6-7. Explique a diferença entre conhecer Jesus e ser um crente firmado na fé.

10. Volte no tempo por um instante. Durante a praga das serpentes venenosas enviadas para atacar os israelitas rebeldes, Deus orientou Moisés a colocar a réplica de uma serpente em um poste e instruir os israelitas agonizantes, mas, agora arrependidos, para que manifestassem sua fé nele olhando para a serpente (Números 21:4-9). Essa foi uma representação suprema da redenção que Deus proveria por meio da fé em Jesus — se ao menos as pessoas espiritualmente agonizantes, mas arrependidas, olhassem para ele. De que modo suas circunstâncias mudariam se você olhasse para Jesus, não para elas?

Foco da oração

Agradeça a Deus por sua obra redentora na vida dos israelitas no Antigo Testamento, quando eles imaginavam o Messias que viria. **Agradeça**-lhe por ter enviado Jesus, o supremo Redentor, sobre quem a sua vida pode agora ser firmada.

Peça ao Senhor que lhe conceda uma fé cada vez maior para você permanecer em chão firme, agradecendo ao Santo, seu Criador, seu Rei. **Ore** por alguém que você conhece cuja casa continua balançando na areia.

Estudo adicional

- Leia Provérbios 16:1-5 e observe como esses versículos tratam vários temas analisados na sétima lição: controle de Deus sobre o sucesso do povo, sua capacidade de agir mesmo por meio de pessoas más, dando a última palavra e convidando para depender somente dele para ter sucesso.
- Até o sucesso que a Babilônia teve quando venceu outras nações foi permitido por Deus para seus propósitos (veja as predições em Isaías 39:5-7, Jeremias 21:1-10 e o cumprimento em 2Reis 24—25 e 2Crônicas 36:5-21). Mas os caldeus eram maus também (Isaías 47:5-7), e aquele que está no controle de tudo prometeu castigá-los por seu orgulho ímpio e redimir um remanescente de seu povo que eles levaram cativo (Isaías 48:12-22; Habacuque 1—3).
- Leia 1Coríntios 10. Compare as advertências de Deus no AT aos pecadores com as advertências de Paulo no NT aos pecadores (neste caso, alguns membros da igreja em Corinto). Evidentemente, a mensagem de Paulo é dirigida a nós também, porque todos nós somos tentados a viver de acordo com nossos padrões, seja qual for o século em que nascemos.

Assim diz o Senhor, aquele que fez
um caminho pelo mar, uma vereda
pelas águas violentas, que fez sair
juntos os carros de guerra e os
cavalos, o exército e os seus reforços,
os quais jazem ali, para nunca mais
se levantarem, exterminados,
apagados como um pavio:
"Esqueçam o que se foi;
não vivam no passado. Vejam,
eu farei uma coisa nova! Ela está
prestes a acontecer! Vocês não a
percebem? Até no deserto vou abrir
um caminho e riachos no ermo."

Isaías 43:16-19

Oitava lição

O que significa ser escolhido

VOCÊ É CARREGADO

ANDRÉ: Que cidade é essa?

MATEUS: Jezreel. A cidade que fica no extremo sul da Galileia. De lá viramos para o leste até o rio Jordão.

(Jesus passa rapidamente por eles, seguindo em outra direção.)

TIAGÃO: Mestre, aonde o senhor vai?

ANDRÉ: O senhor precisa de alguma coisa?

JESUS: Por aqui, amigos!

(Eles correm para alcançá-lo.)

MATEUS: Sinto muito, mas, hum, o mapa mostra que Jezreel fica a mais de 3 quilômetros a sudeste daqui e cruza com uma estrada a leste do Jordão. Precisamos ajustar a nossa direção em 30 graus para...

JESUS: Não vamos em direção ao Jordão. Vamos atravessar Samaria.

(O grupo parece não acreditar no que ouviu.)

ANDRÉ: Isso é uma piada?

JESUS: Há um lugar no qual eu quero parar. E mais, vai encurtar o nosso caminho quase pela metade.

MATEUS: E as possibilidades de ataque violento provavelmente vão dobrar.

JESUS: Esse é um cálculo exato?

ANDRÉ: Perdoe-me, Mestre, mas é mais seguro desviar de Samaria pelo Jordão em Decápolis.

JESUS: Você está comigo por motivos de segurança?

TIAGÃO: Mas, Mestre, eles são samaritanos.

JESUS: Boa observação, Tiagão. Qual é o seu argumento?

TIAGÃO: Rabi... foi esse povo que profanou nosso templo com ossos de pessoas mortas. Eles nos odeiam...

JOÃO: Eles lutaram contra nós com os selêucidas nas batalhas dos macabeus. Eu... eu nunca falei com um samaritano.

JESUS: E nós destruímos o templo deles cem anos atrás. E nenhum de vocês estava presente aqui para ter feito essas coisas. Prestem atenção... se vamos ter uma sessão de perguntas e respostas todas as vezes que fizermos algo diferente do que fazemos, o tempo que vamos passar juntos vai ser muito entediante.

Uma coisa nova

A maioria de nós é cautelosa com coisas novas. A rotina é confortável e previsível, ao passo que a mudança traz o desconhecido — e o desconhecido é assustador, estranho, desconfortável e imprevisível. No entanto, submeter-se a Jesus como Senhor não deixa muito espaço para viver da mesma maneira porque ele está empenhado em mudar nosso coração e nossa vida, e o mundo inteiro também.

No episódio 8 da série *The Chosen*, intitulado "Eu sou ele", os discípulos são apresentados a um novo conceito de mudança. Na verdade, mudança radical. Eles deixaram de morar em casas e passaram a armar tendas. Deixaram de seguir o seu caminho e passaram a depender de Jesus para mostrar-lhes o caminho — espiritualmente e literalmente —, uma vez que o seguiam de cidade em cidade. Deixaram de fazer planos para a própria vida e passaram a não ter nenhum plano, a não ser servir a Deus pelo *resto* de seus dias.

Tanta mudança deveria ser debilitantemente assustadora.

Só que não foi.

Sua vez

1. Que coisa nova Jesus está conduzindo você a fazer que o deixa com medo? (Trabalho missionário, adoção, terminar um relacionamento tóxico, compartilhar sua fé, sair do emprego — tantas opções aterrorizantes; sinta-se à vontade para mencionar mais de uma.)

Contexto do AT

No decorrer deste estudo, fizemos referência à história do Antigo Testamento quando Deus resgatou seu povo escolhido da escravidão no Egito. O Êxodo foi uma parte tão importante da história dos israelitas que sua lembrança é repetida muitas vezes ao longo do AT e também nas classes de escola dominical, nos sermões e até nas telas de cinema (embora Hollywood ainda não tenha feito justiça a essa história, mas nós nos desviamos do assunto). Na verdade, Isaías escreve suas reminiscências setecentos anos após a ocorrência dos fatos: "Assim diz o SENHOR, aquele que fez um caminho pelo mar, uma vereda pelas águas violentas, que fez sair juntos os carros de guerra e os cavalos, o exército e os seus reforços, os quais jazem ali, para nunca mais se levantarem, exterminados apagados como um pavio [...]. Até no deserto vou abrir um caminho e riachos no ermo." (Isaías 43:16-17,19)

Reminiscência = lembrança das pragas, da divisão do mar Vermelho, da presença de Deus em uma nuvem de dia e em uma coluna de fogo à noite, da provisão de alimento e água no deserto e assim por diante.

Então, Deus disse prontamente ao povo que esquecesse isso.

"Esqueçam o que se foi; não vivam no passado. Vejam, eu farei uma coisa nova! Ela está prestes a acontecer! Vocês não a percebem?" (V. 18-19.) Usando palavras que lembravam o resgate deles no passado, Deus os instruiu especificamente: "Não se lembrem do resgate de tempos passados!" — o que aparentemente é paradoxal.

Mas Deus não queria que Israel comemorasse sua história em detrimento de seu futuro. Não queria que eles pensassem que o Deus dos milagres era uma coisa do passado. Ao contrário, estava lhes pedindo que seguissem aquele que faz coisas novas, abre novos caminhos e carrega seu povo escolhido.

Sua vez

2. Por que era importante para os israelitas se lembrarem da fidelidade de Deus no passado? Por que era também importante que eles não ficassem presos ao passado?

3. Leia Jeremias 16:14-15. Isaías não foi o único profeta que falou que o Senhor estava fazendo coisas novas. Quando o povo de Judá estava sendo levado para o cativeiro pelos babilônios, o profeta Jeremias apresentou uma mensagem semelhante. Que coisa nova Deus queria que seu povo fosse capaz de dizer?

4. Ao longo do AT, Deus chamou o povo para fazer coisas que deveriam ser debilitantes, mas não eram, porque o povo que ele chamou ele também carregou. Homens como Abraão (Gênesis 12:1-3), Jacó (Gênesis 46:2-4), Moisés (Êxodo 33:12-17) e Davi (1Samuel 17:20-49) conseguiram fazer coisas impossíveis porque Deus trabalhou por meio deles, tornando possível o impossível. Que impacto a fé do povo *aliada à vontade e à capacidade de Deus de carregá-los* exerce em sua jornada de fé?

Pé na estrada

> Reunindo os Doze, Jesus deu-lhes poder e autoridade para expulsar todos os demônios e curar doenças. Então, enviou-os a pregar o reino de Deus e a curar os enfermos. Ele lhes disse:
> — Não levem nada pelo caminho: nem bordão, nem saco de viagem, nem pão, nem dinheiro, nem túnica extra. Na casa em que vocês entrarem, fiquem ali até partirem. Se não os receberem, saiam dessa cidade e sacudam a poeira dos pés como testemunho contra eles.
> Então, eles saíram e foram pelos povoados, pregando o evangelho e curando pessoas por toda parte.
>
> Lucas 9:1-6

Os seguidores de Jesus do Novo Testamento estavam envolvidos desde o início na melhor coisa nova, o que exigia que eles olhassem para a frente, se *movessem* literalmente para a frente, e, ao fazer isso, pôr a fé em ação, ter fé. De que podiam confiar em Jesus quando ele lhes deu instruções muito específicas. De que Deus supriria de fato suas necessidades enquanto eles o serviam. De que Jesus continuaria a ensiná-los e a fazê-los crescer espiritualmente, capacitando-os a fazer mais do que imaginavam ser possível. De que a força daquele que dividiu o mar Vermelho compensaria a fraqueza deles na jornada. De que, assim como carregou a nação de Israel, Deus os carregaria.

Não havia outro meio de fazer isso dar certo. Se queriam seguir Jesus, eles tinham de deixar para trás sua maneira antiga de fazer as coisas. Tinham de abrir mão do controle e confiar em que Jesus supriria suas necessidades. Spoiler: Ele supriu.

Maria Madalena era solteira e tinha uma história pessoal traumática. Mas acompanhou Jesus de cidade em cidade, trocando o ambiente familiar pelo desconhecido ao lado de seu Salvador — o que significava que sua confiança em Jesus não visava apenas ao seu bem-estar físico, mas também à sua santificação contínua. E, com o passar do tempo, ela se tornou menos parecida com o que era antes e mais parecida com aquele que ela seguia.

> Santificação: tornar-se santo (separado) ou justo.

Nicodemos não passou pela experiência de "andar com Jesus", mas isso não significa que ele nunca confiou em Jesus como Senhor. Oh, que alívio teria sido para o nosso amado fariseu, tão preocupado em obedecer à lei e ser "bom", cair nos braços fortes de seu Redentor. Ser carregado pelo único que é capaz de ser verdadeiramente bom, de restaurar corações desesperados e de conduzir os escolhidos de Deus à Terra Prometida do céu.

Mateus deve ter sentido um momento de pausa quando Jesus deu ordens muito específicas, muito assustadoras de saírem mundo afora. Os discípulos foram enviados ao campo para fazer o que viram Jesus fazer, sem alimento ou abrigo. Foram instruídos a não levar nada, senão a roupa do corpo. Em resumo, o plano era "não levar nada, porque vocês receberão o que necessitam no momento certo". Para um sujeito como Mateus, que antes amava mais a segurança do dinheiro do que as pessoas, essa foi sem dúvida uma prova de fé.

No entanto, o poder de Jesus o carregou.

A autossuficiência de **Simão** deve ter sido transformada em um conceito estranho, talvez até pouco atraente. Ao longo do Novo Testamento, nós o vemos muitas vezes tentando seguir o Messias com as próprias forças — só para tropeçar e falhar —, mas Jesus insistiu porque era totalmente necessário que Simão confiasse nele se quisesse participar da edificação do reino. E, pela graça e força de Jesus, Simão Pedro fez exatamente isso:

> Em número cada vez maior, homens e mulheres criam no Senhor e lhes eram acrescentados, de modo que o povo também levava os doentes às ruas e os colocava em camas e macas para que, ao passar Pedro, pelo menos a sombra dele se projetasse sobre alguns. Afluíam também multidões das cidades próximas a Jerusalém, que levavam os seus doentes e os atormentados por espíritos imundos; todos eram curados. (Atos 5:14-16)

Os primeiros discípulos sabiam mais que ninguém que o poder que lhes foi dado procedia de Jesus. Sem Jesus, eles não podiam fazer nada, porque Jesus era o caminho.

Sua vez

5. Os discípulos deveriam viajar por toda a região, falando de Jesus às pessoas, sem levar nada além da roupa do corpo. Qual seria sua resposta a Jesus se ele lhe pedisse a mesma coisa?

6. O que você acha que Nicodemos perdeu por *não* ter seguido o exemplo dos outros e obedecido? Como ele, de que maneira você está tentando viver com sua própria força e do seu jeito?

7. Leia Isaías 46:3-4. Deus disse explicitamente ao seu povo escolhido que os carregaria todos os dias da vida deles. Depois de conhecer os milagres que Jesus realizou e de ouvir sua promessa de permanecer com seu povo escolhido, como esses versículos o motivam a seguir em frente?

Jesus traça o nosso caminho

Jesus não nos pede que tracemos o nosso caminho. Ele pede nossa permissão para guiar, equipar e prover. No entanto, sempre parece que somos exigidos a fazer muita coisa — porque, na verdade, é muita coisa mesmo. Como os primeiros seguidores de Jesus, temos de depositar nossa fé nele e segui-lo de todo o coração, o que talvez seja difícil, porque significa abrir mão de nossos planos e objetivos, bem como de toda a previsibilidade e rotina que eles oferecem. Mas, como seus primeiros seguidores, **não podemos fazer nada por conta própria**. Correção. O que *podemos* fazer é nos submeter a Jesus e seguir o caminho que ele determinar. Ele é o único que faz todas as coisas, o que inclui fazer uma mudança inevitável em nós, de dentro para fora.

> Irmãos, pensem no que vocês eram quando foram chamados. Poucos eram sábios segundo os padrões humanos; poucos eram poderosos; poucos eram de nobre nascimento. Mas Deus escolheu os que são loucos para o mundo a fim de envergonhar os sábios e os que são fracos para o mundo a fim de envergonhar os fortes. Deus escolheu as coisas insignificantes do mundo, os desprezados e as coisas que não são para invalidar as que são, a fim de que ninguém se vanglorie diante dele. É, porém, por causa dele que vocês estão em Cristo Jesus, o qual se tornou para nós sabedoria de Deus, justiça, santidade e redenção, a fim de que, como está escrito: "Aquele que se gloriar glorie se no Senhor."
>
> 1Coríntios 1:26-31

Assim como Deus abriu um caminho no deserto e riachos no ermo na época do Antigo Testamento, e assim como Jesus fez o paralítico andar e o cego ver no Novo Testamento, ele continua a abrir o caminho. Na verdade, o Deus dos milagres não é coisa do passado; ele está fazendo coisas novas em nós e por meio de nós, edificando seu reino e executando sua boa e perfeita vontade — desde o início até o fim dos tempos. Nada é grande demais para ele administrar, o que significa que nada é grande demais para nós, que estamos sob seus cuidados. Pertencemos ao Deus vivo e somos carregados por seu Filho.

PHOTINA: Você escolheu a pessoa errada.

JESUS: Eu vim a Samaria só para encontrar você. Você acha que estou aqui no meio do dia por acidente?

PHOTINA: Eu sou rejeitada por todo mundo.

JESUS: Eu sei. Mas não pelo Messias.

PHOTINA: E você sabe essas coisas porque você é o Cristo?

(Jesus confirma com a cabeça.)

PHOTINA *(continuando) (em meio a lágrimas)*: Eu vou contar para todo mundo.

JESUS: É o que eu esperava.

(Ela se afasta, sem tirar os olhos de Jesus.)

PHOTINA: Em espírito e em verdade?

JESUS: Em espírito e em verdade.

PHOTINA: Não será só sobre montes ou templos?

JESUS *(confirmando com a cabeça)*: Logo. Só o coração.

PHOTINA: Você promete?

JESUS: Eu prometo.

(Os discípulos chegam da cidade trazendo comida. Param abruptamente e assistem à cena: Jesus e essa mulher em pé a distância, de frente um para o outro. Ela se vira para correr e vê os discípulos.)

PHOTINA *(gritando)*: Este homem contou tudo o que fiz! Ah, ele deve ser o Cristo!

(Eles olham firme, e Maria sorri. Photina começa a correr.)

ANDRÉ: Ei, espere!

TIAGÃO: Sua água!

JOÃO: Você esqueceu sua...

(Mas ela não ouve. Nós ouvimos seus gritos a distância.)

PHOTINA: Venham ver o homem que me contou tudo o que fiz!

(Jesus dá um lindo sorriso ao vê-la correr.)

TIAGUINHO: Mestre, trouxemos comida. O que o senhor quer?

JESUS: Ah, eu tenho uma coisa para comer que vocês não conhecem.

ANDRÉ: Quem lhe trouxe comida?

SIMÃO: Espere um pouco. Contou a ela? E ela pode contar aos outros?

TADEU: Que comida?

JESUS: A minha comida é fazer a vontade daquele que me enviou e concluir a sua obra.

SIMÃO: O senhor contou a ela quem é?

(Jesus olha para Simão, dá um sorriso e confirma com a cabeça.)

SIMÃO *(continuando):* Então isso significa que...

JESUS: Significa que vamos ficar alguns dias aqui. Faz muito tempo que eu semeio, mas os campos estão prontos para a colheita.

SIMÃO: Então é chegada a hora?

JESUS: Vamos.

Sua vez

8. Faça uma lista de tudo o que você não consegue entender no momento, depois reveja a lista e escreva os atributos correspondentes de Jesus extraídos deste estudo — atributos maiores e mais poderosos do que aquilo que é grande demais para você. (Jesus é o nosso Resgatador, Provedor, Protetor, Líder, Rei, ReCriador, Alicerce Seguro e Aquele que Traça o Caminho.)

9. Leia Hebreus 12:1-3. Explique o que significa Jesus ser o "autor e consumador" da sua fé.

10. Deus pode estar chamando você para fazer ou dizer uma coisa tangível a fim de pôr sua fé em ação. Que coisa seria essa?

Foco da oração

Agradeça a Deus por sua promessa de manter e carregar seu povo escolhido. **Peça** a Jesus, o autor e consumador da sua fé, que **continue a mudar** você de dentro para fora, tornando-o mais parecido com ele a cada dia. **Peça** oportunidades para **fazer coisas difíceis** em nome dele e no poder dele — o mesmo poder que dividiu o mar Vermelho. **Louve**-o por permitir que você faça parte da edificação de seu reino, da mesma forma que os outros que o precederam.

Estudo adicional

- Salmos 106 é um cântico de celebração dos israelitas do AT sobre o amor perseverante de Deus (v. 1-5) e menciona especificamente que Deus os escolheu, apesar de serem indignos, teimosos em desobedecer e de sua fé imperfeita e intermitente (v. 6-43). Em tudo isso, a experiência do Êxodo se destaca como o modelo ideal da obra de resgate de Deus, e Moisés é chamado especificamente de "escolhido" de Deus para ser o libertador dos israelitas (v. 23). O salmo termina celebrando mais uma vez a fidelidade de Deus ao carregar seu povo (v. 44-48) — o que é cumprido em Jesus.
- Em Lucas 9:28-36, Jesus foi transfigurado, e três de seus discípulos presenciaram o fato, no qual Jesus conversou com Moisés e Elias sobre sua partida iminente que aconteceria em Jerusalém (a palavra grega para "partida" é *exodus* — entendeu a conexão?!) No final da conversa,

Deus falou de dentro da nuvem, dizendo aos seguidores: "Este é o meu Filho, o Escolhido. Ouçam-no!" (v. 35.) Quando a nuvem se levantou, os heróis da fé do AT haviam desaparecido, e Jesus ficou só (v. 36).

Que experiência profunda!

- A ascensão de Jesus em Atos 1:9-11 deve ter sido um pouco menos assustadora para os três discípulos que testemunharam a transfiguração — Jesus sendo coberto por uma nuvem e a presença de três seres celestiais. No entanto, em vez de Jesus permanecer na terra como descrito em Lucas 9, sua ascensão em Atos 1 sinalizou sua partida para o céu, e seus escolhidos foram deixados para trás. Mas Jesus os havia preparado para sua partida e prometido sua presença contínua por meio do Espírito Santo ou Conselheiro (Atos 1:4-8; João 14:15-17,25-29; 16:7-15). Observe particularmente Atos 1:8: "Mas receberão poder quanto o Espírito Santo descer sobre vocês, e serão minhas testemunhas tanto em Jerusalém como em toda a Judeia e Samaria e até os confins da terra." Alguns dias depois, os seguidores de Jesus receberam, de fato, seu poder por meio do Espírito, que os capacitou a continuar mesmo depois que ele ascendeu ao céu. Isso significa que eles não ficaram sozinhos; foram preparados, enviados e carregados.

“Os animais do campo
me honrarão, os chacais
e as corujas, porque
fornecerei água no
deserto e riachos no
ermo, para dar de
beber ao meu povo,
ao meu escolhido, ao
povo que formei para
mim mesmo, a fim
de que proclamasse
o meu louvor.”

Isaías 43:20-21

Conclusão

O que significa ser escolhido?

VOCÊ É UM VASO DE LOUVOR

Por que estudar uma passagem do livro de Isaías no Antigo Testamento se a vida de Jesus é relatada no Novo Testamento? Bom, depois de passar oito semanas estudando a história do relacionamento de Deus com seu povo escolhido (nossos precursores espirituais, para melhor ou para pior), bem como a fidelidade contínua de Deus ao seu povo escolhido por meio de Jesus e até hoje, a resposta parece um pouco mais óbvia do que no início:

Porque Deus merece.

E porque somos preservados por isso.

A tendência que Israel tinha de andar a esmo, junto com todas as consequências que eles sofreram, é como uma luz gigantesca piscando para nós — um aviso para permanecermos perto do Deus de nossa salvação. Meneamos a cabeça diante da tolice e dureza de coração de Israel, mas somos exatamente como eles. Estamos mergulhados no pecado, desviamo-nos facilmente do caminho, somos insensatos, imperfeitos, egocêntricos e necessitamos desesperadamente da salvação. Mas, assim como eles, somos chamados por

---

Quando [Jesus] se aproximou [...] toda a multidão dos discípulos começou a louvar a Deus alegremente e em alta voz por todos os milagres que tinham visto. Exclamavam: "Bendito é o Rei que vem em nome do Senhor!"

"Paz no céu e glória nas alturas!"

Alguns dos fariseus que estavam no meio da multidão disseram a Jesus:

— Mestre, repreende os teus discípulos!

— Eu digo a vocês — respondeu — que, se eles calarem, as pedras clamarão. (Lucas 19:37-40)

... e também os animais do campo, os chacais e as corujas, porque se o povo não louvar, toda a criação louvará!

---

aquele cujo amor e fidelidade incessantes abriu um caminho para retornarmos e sermos restaurados. E permanecermos nesse caminho.

Ah, que assim seja, porque ele é muito, muito bom.

Ele é digno de nosso louvor.

Deus é paciente. "O Senhor não demora em cumprir a sua promessa, como alguns julgam. Ao contrário, ele é paciente com vocês e não quer que ninguém pereça, mas que todos cheguem ao arrependimento." (2Pedro 3:9)

Transgressões: pecado.

Deus é misericordioso. "Todavia, Deus, por ser rico em misericórdia, por causa do grande amor com que nos amou, deu-nos a vida com Cristo quando ainda estávamos mortos nas transgressões — pela graça vocês são salvos." (Efésios 2:4-5)

Deus é generoso. "Deus nos ressuscitou com Cristo e com ele nos assentou nas regiões celestiais em Cristo Jesus, para mostrar, nas eras por vir, a incomparável riqueza da sua graça, demonstrada na sua bondade para conosco em Cristo Jesus." (Efésios 2:6-7)

Deus é justo. "No passado, Deus não levou em conta essa ignorância, mas agora ordena que todos, em todo lugar, se arrependam. Pois estabeleceu um dia que há de julgar o mundo com justiça, por meio do homem [Jesus] que designou. Ele deu prova disso a todos, ressuscitando-o dentre os mortos." (Atos 17:30-31)

Expiação: o sacrifício redentor de Cristo que aplaca a ira de Deus contra o pecado e remove nossa culpa.

Deus é amor. "Desta forma Deus manifestou o seu amor entre nós: ele enviou o seu Filho Unigênito ao mundo, para que pudéssemos viver por meio dele. Nisto consiste o amor: não em que nós tenhamos amado a Deus, mas em que ele nos amou e enviou o seu Filho como expiação pelos nossos pecados." (1João 4:9-10)

A bondade e integridade de Deus para ser adorado tornaram-se totalmente visíveis em suas ações para com seu povo escolhido — desde a Criação até hoje. No Antigo Testamento, ele acompanhou Israel de perto por meio de profetas como Isaías e por meio de milagres como o do mar Vermelho — tudo apontando para Jesus, que é a prova *suprema* do amor de Deus, porque, para nos levar para si, ele se entregou.

Como, então, *não* louvarmos a ele?

Fomos formados por Deus a fim de que proclamássemos o seu louvor (Isaías 43:21). Esse é o nosso propósito! Todas as outras atividades terrenas são incapazes de satisfazer porque fomos feitos para louvar: está em nosso DNA espiritual. Fomos feitos para ter comunhão com Deus, criados para ser preenchidos somente por ele e para **glorificar somente a ele**. E por meio de Jesus e do poder de seu Espírito que habita em nós — *e por causa de quem ele é* — recebemos uma nova identidade, tornando-nos mais parecidos com Jesus e menos parecidos com o que *éramos* antes.

Somos chamados porque ele é o nosso Resgatador.
Descansamos porque ele está Presente.
Somos amados porque ele é o nosso Protetor.
Mudamos nosso caminho porque ele é o nosso Líder.
Somos testemunhas porque ele é o nosso Rei.
Somos nova criação porque ele é o nosso ReCriador.
Estamos sobre uma base sólida porque ele é o nosso Alicerce.
Somos carregados porque ele é o nosso Caminho.
Somos vasos de louvor porque ele é Digno.

Somos escolhidos.

ANOTAÇÕES

ANOTAÇÕES

ANOTAÇÕES

ANOTAÇÕES

ANOTAÇÕES

SOBRE OS AUTORES

Amanda Jenkins é autora, palestrante e mãe de quatro filhos. Escreveu seis livros, incluindo *Confessions of a Raging Perfeccionist* [Confissões de uma perfeccionista radical], um livro de memórias que tem inspirado estudos bíblicos e conferências para mulheres dos Estados Unidos. Especializou-se em escrever e ensinar autenticidade verdadeira em nossa fé e é a criadora principal do conteúdo extra da série *The Chosen*, que inclui devocionais do *The Chosen*, volumes I e II, e o livro para crianças intitulado *The Chosen: Jesus Loves the Litle Children* [Os escolhidos: Jesus ama as crianças]. Amanda mora nos arredores de Chicago com seu marido, Dallas, criador da série *The Chosen*.

Dallas Jenkins é cineasta, autor, palestrante e pai de quatro filhos. Nos últimos vinte anos, dirigiu e produziu mais de uma dúzia de filmes para empresas como Warner Bros., Lionsgate, Universal Studios e Hallak Channel. Atualmente é criador da série *The Chosen*, primeiro programa de várias temporadas sobre a vida de Cristo e o projeto de mídia mais financiado até hoje pelo público. Dallas é também coautor dos livros devocionais *best-sellers The Chosen*.

O consultor bíblico evangélico oficial da série de TV *The Chosen*, **Douglas S. Huffman** (ph.D., Trinity Evangelical Divinity School) é professor do Novo Testamento e reitor adjunto de Estudos Teológicos Bíblicos da Talbot Scholl of Theology (Biola University) na Califórnia. Especialista no Novo Testamento grego (Lucas/Atos) e Pensamento Cristão, é autor de *Verbal Aspect Theory and the Prohibitions in the Greek New Testament* [Teoria do aspecto verbal e proibições no Novo Testamento grego] e *The Handy Guide to the New Testament Greek* [Guia prático do Novo Testamento grego]; editor colaborador de livros como *God Under Fire: Modern Scholarship Reinvents God* [Deus sob fogo: a erudição moderna reinventa Deus], *How Then Should We Choose?: Three Views on God's Will and Decision Making* [Como então deveríamos escolher?: três visões sobre a vontade de Deus e a tomada de decisão] e *Christian Contours: How a Biblical Worldview Shapes the Mind and Heart* [Contornos cristãos: como uma cosmovisão bíblica molda a mente e o coração]. Colabora com vários periódicos teológicos e obras de referência. O dr. Huffman pode ser visto em "Mesas-redondas sobre a Bíblia" da série *The Chosen* no aplicativo *The Chosen*. Huffman gosta de trabalhar com os estudantes da Biola, indicando a Escritura como a Palavra de Deus para nós hoje.

Este livro foi impresso pela Ipsis, em 2025, para
a Thomas Nelson Brasil. O papel do miolo é
offset 90g/m², e o da capa é cartão 250g/m².